Rosemarie Meier-Dell'Olivo

Schreiben wollte ich schon immer

Von Frauen für Frauen geschrieben

Helga Baureis, Kinesiologin in Marburg
Wow, hast *du* abgenommen! Die besten Tipps für eine klasse Figur. Mit Farbzeichnungen von Jo Bahde. 2. Auflage nach vier Wochen in Druck!
ISBN 978-3-0350-5080-6
Dies.: **Du wirst ja immer jünger!** Die besten Tipps für die schönsten Jahre. Farbzeichnungen. ISBN 978-3-0350-5064-6

Gabriele Feyerer, Autorin in Werndorf (Österreich)
Besser leben mit Weizenallergie und Zöliakie. Beschwerdefrei trotz Getreideallergie. ISBN 978-3-0350-5070-7
Dies.: **Besser leben mit Milchallergie und Laktose-Intoleranz.** Ratgeber für den Alltag. ISBN 978-3-0350-5073-8

Mary Hartley, Autorin in London
Wer ist mein Freund – wer ist mein Feind? Körpersprache richtig deuten und gekonnt anwenden. ISBN 978-3-0350-0049-8

Michelle Paisley, Ashtanga-Vinyasa-Yoga-Lehrerin in Kalifornien. **Yoga für gebrochene Herzen.** Zurück in ein erfülltes Leben. Zahlreiche Farbfotos. ISBN 978-3-0350-3039-6

Shirley Trickett, Krankenschwester und Autorin, London
Endlich wieder angstfrei leben. Selbsthilferatgeber gegen Angst, Depressionen und Panikattacken. 11. Auflage. ISBN 978-3-0350-0020-7

Dr. Andrea Überall's (Heilpraktikerin, Innsbruck) **Tibetische Hausapotheke.** Die Geheimnisse lebenslanger Gesundheit. 2. Auflage.
ISBN 978-3-0350-3018-1
Dies.: **Herb- und Bitterstoff-Code.** Streng gehütete Geheimnisse der Tibetischen Medizin. Ca. 220 Seiten, viele Farb- und Schwarzweiß-Illustrationen. ISBN 978-3-0350-3043-3

Rosemarie Meier-Dell'Olivo

Schreiben wollte ich schon immer

Gekonnt Tagebuch führen: schärft die Sinne, befreit die Seele Eine Anleitung

Oesch Verlag

2., verbesserte Auflage 2008

Satz: Oesch Verlag
Druck und Bindung: fva, Fulda
Printed in Germany

ISBN 978-3-0350-0048-1

Gern senden wir Ihnen unser Verlagsverzeichnis:
Oesch Verlag, Jungholzstraße 28, 8050 Zürich
E-Mail: info@oeschverlag.ch
Telefax 0041 /44 305 70 66 (CH: 044 / 305 70 66)

Unser Buchprogramm finden Sie im Internet unter:
www.oeschverlag.de

Inhalt

2. Methodischer Teil

3. Praktischer Teil

Meinen Freundinnen und Freunden gewidmet,
die mich während des Schreibens
unterstützt haben, sowie meinen Kursteilnehmerinnen
und Kursteilnehmern, von denen ich
dank ihrer Offenheit sehr viel gelernt habe.
Allen danke ich von ganzem Herzen.

Vorwort

Sie halten eine Anleitung über das Führen eines Tagebuchs in Ihren Händen. Sie lädt dazu ein, den Alltag bewusst zu erleben und aus dieser Bewusstheit heraus Gedanken wie Mosaiksteinchen zu Papier zu bringen. Alles, was Sie mitbringen müssen, ist ein bisschen Neugierde, Experimentierlust und Ihre natürliche, spontane Freude, sich schreibend auszudrücken.

Viele Teilnehmer meiner Kurse haben irgendwann in ihrem Leben Tagebuch geschrieben. Die wenigsten davon schrieben jedoch über längere Zeit. Auch mir selbst erging es nicht anders. Ich schrieb vor allem dann, wenn meine Gefühle überschwappten, wenn ich in einer Extremsituation war. Sobald ich zur Ruhe kam, hörte ich wieder auf. Das, was ich herausschreien musste, hatte ich mir von der Seele geschrieben, und nur selten verspürte ich danach das Bedürfnis, das Geschriebene nochmals durchzulesen.

Später bemühte ich mich, regelmäßig mein Tagebuch zu führen. Auch wenn mein Leben ruhig verlief, gab es in mir und um mich herum viel Spannendes zu entdecken, das es wert schien, festgehalten zu werden. Ich wagte nunmehr mit der Sprache zu spielen, neue Formen auszuprobieren, ja sogar neue Worte zu erfinden. Je mehr ich wagte, desto schneller füllte ich Seite um Seite. Und das wiederum spornte mich an, weiterzuschreiben. Allein das Durchblättern meiner früheren Aufzeichnungen gab mir genug Energie, fortzufahren und noch mehr zu experimentieren.

An dieser Freude und Lust möchte ich Sie, liebe Leserinnen und Leser, teilhaben lassen. Dieses Buch kann Ihnen helfen, wenn Sie

- schon lange Tagebuch schreiben und trotzdem neugierig sind auf neue Schreibideen und -methoden;
- Tagebuch schreiben möchten, aber der Meinung sind, Ihr Leben verlaufe zu eintönig;
- sich schon lange gerne schriftlich ausdrücken möchten, aber glauben, Ihre Ausdrucksweise sei ungeschliffen und ungeschickt;
- wenig Zeit haben und trotzdem ein Tagebuch führen wollen;
- sich gedanklich immer wieder im Kreise drehen und nicht wissen, wie Sie diesem Strudel entkommen sollen;
- der Ansicht sind, Ihr Leben gleite einfach so an Ihnen vorbei, so dass Sie einige Punkte daraus festhalten möchten und nur nicht recht wissen, wie;
- Schreiben als schöpferisches Ausdrucksmittel erkannt haben und nach neuen Ideen suchen;

- mit der Sprache spielen und experimentieren möchten und die Leichtigkeit des Schreibens erfassen wollen.

Schreiben ist ein schöpferisches Ausdrucksmittel, das befreit und stimuliert. Es ist ein kreativer Akt und ein Abenteuer. Wir beginnen und wissen oft nicht, wohin unsere Reise führt, und gerade das macht sie so spannend.

Ich wünsche mir, dass dieses Buch Sie wach und lebendig macht, dass Sie die Ideen, die darin enthalten sind, aktiv aufnehmen, und dass es Sie zu eigenen Gedanken anregt.

1. Schreiben hinterlässt Spuren

Schreibe, wie du redest,
so schreibst du schön …
GOTTHOLD EPHRAIM LESSING,
deutscher Dichter und Philosoph
1729–1781

Tagebuchschreiben als Trainingsgelände für unsere Seele

Tagebuchschreibende werden nicht gelebt – sie leben.

Warum schreiben Menschen Tagebuch? Oder anders gefragt: *Warum haben Sie dieses Buch gekauft?* Es gibt verschiedene Antworten auf diese zwei Fragen, von denen ich einige sofort aufgreifen werde. Weitere Antworten finden Sie in den folgenden Kapiteln.

Haben Sie manchmal auch das ungute Gefühl, Ihr Leben fliege einfach so davon? Kaum erlauben Sie sich eine Verschnaufpause, bei der Sie kurz mit sich allein sein können, ist es bereits wieder Abend. Wer Tagebuch schreibt, nimmt sich und seine Umgebung stärker wahr. Tagtäglich ziehen unendlich viele Impressionen an uns vorbei, manche hinterlassen Spuren, andere bemerken wir kaum. Wenn wir nun regelmäßig Eindrücke und Gefühle, Erlebnisse und Beobachtungen mosaikartig aufzeichnen, werden wir nicht gelebt, sondern leben.

Tagebuch schreiben ist eine wunderbare Möglichkeit, schöpferisch tätig zu sein. Erlebnisse, Erfahrungen, Gefühle, Gedanken werden in Sprache umgewandelt, um sie später als Erinnerung wieder in unser Bewusstsein zu holen. So gesehen sind die Aufzeichnungen Spiegel einer persönlichen, aber auch gesellschaftlichen Zeitepoche. Schreiben hinterlässt Spuren.

Nicht nur alles was wir erlebt, sondern vor allem was wir dabei empfunden haben, hilft, uns besser oder von einer anderen, neuen Seite kennenzulernen. Fokussieren wir Erlebnisse, Gedanken und Gefühle auf dem Papier, wird uns die Fülle unseres Lebens offenbar. Dabei genügt oft eine punktuelle Begebenheit, ein Gedanke oder eine Frage. Was wir auswählen, ist nicht so wichtig. Entscheidend ist, dass wir das, was wir ausgewählt haben, mit unseren Worten auf den Punkt bringen. Tagebuch schreiben ist in diesem Fall eine Möglichkeit, auf unsere innere Stimme zu hören. Es hat Selbsterfahrungswert und hilft uns bei unserer persönlichen Weiterentwicklung.

Ein Tagebuch zu führen schlägt eine Brücke zwischen innerer und äußerer Welt, verbindet die Wege des Handelns und des Denkens. Wir nehmen uns Zeit, setzen uns hin, betrachten die aufnahmebereite Leere des Blattes, sammeln uns und beginnen zu schreiben. Schreiben heißt ordnen. Es gilt, Gedanken aufzugreifen und nutzbar zu machen und uns mit den Vorstellungen über uns selbst auseinanderzusetzen.

Manchmal hilft Tagebuch schreiben aus einer Lebenskrise heraus. Es ist dann allerdings wichtig, dass wir uns auf das Wesentliche konzentrieren. Das ist nicht immer einfach. Uns in einer solchen Situation Fragen zu stellen kann hilfreich sein, auch wenn wir sie nicht sofort beantworten können. Oft tauchen in schwierigen Lebenslagen widersprüchliche Emotionen auf. Warum sie nicht einfach aufschreiben und sie dann eine Zeitlang stehenlassen? Wir sind niemandem Rechenschaft schuldig und müssen uns nicht erklären. Gelingt uns später eine Antwort auf eine unserer Fragen oder können wir uns aus den Verstrickungen unseres Gefühlschaos lösen, erkennen wir Entwicklungsschritte, auf die wir stolz sein dürfen.

Ein schwieriges Gespräch steht an. Warum nicht vorab kurz unsere Gedanken dazu niederschreiben? Fast immer gelingt es uns anschließend besser, uns verbal verständlicher auszudrücken und, falls nötig, auch Entscheidungen zu treffen. Tagebuch schreiben soll auch zu einer Brücke zwischen Innen- und Außenwelt werden.

Ein Tagebuch zu führen ist aber auch eine Form von Kreativität. Wie gestalten wir ein Thema? Wie nähern wir uns einem Problem? Wie grenzen wir es ein? Wie gehen wir vor, um in die Tiefe zu gelangen? Wie packen wir das Tagebuchschreiben an, damit das Schreiben für längere Zeit Freude macht, selbst dann, wenn wir uns mit einer ernsthaften Sache befassen? Schreiben weckt unsere Kreativität und hilft uns, bewusst(er) am Leben teilzunehmen.

Vielleicht aber führen Menschen ein Tagebuch, um zur Ruhe zu kommen. Dies ist vielleicht das wichtigste Argument, das dafür spricht. Wer sich abends nach einem hektischen Tag Zeit nimmt und eine halbe Stunde Rückschau hält, kann seine Gedanken ordnen. Das Tagebuch leistet dabei wertvolle Dienste. Oder morgens, wenn Mann und Kinder außer Haus sind, ist das für eine Mutter die ideale Zeit, sich eine Stunde zu gönnen. Aufschreiben, was im Hier und Jetzt geschieht, aufschreiben, was einem Freude und Sorge bereitet. Schreiben, statt reden, zerreden. Oder noch besser: schreiben und später reden.

Schreiben als Ritual
Schreiben, um loszulassen
Schreiben, um festzuhalten
Schreiben als Selbsterfahrung
Schreiben als Zuwendung
Schreiben als schöpferisches Ausdrucksmittel
Schreiben als Sinnesschulung
Schreiben, um mit der Sprache zu spielen
Schreiben zur Erinnerung an gute und schlechte Tage
Schreiben …
Schreiben …

Warum schreiben Sie Tagebuch?

Tagebuchschreiben auf klassische Art

Der aktive Mensch steckt voll im Leben, packt eine Aufgabe an, führt sie zu Ende oder manchmal auch nicht. Trotz diesem Gefühl des Ganz-mit-dem-Leben-verbunden-Seins stellt er sich eines Tages die Frage, ob das nun wirklich schon alles sei. »Wer bin ich denn wirklich?« überlegt er oder: »Wo ist für mich der Lebenssinn?«, »Was will ich noch erreichen; was ist mir wichtig?«, »Lebe ich, oder werde ich nur gelebt?«

Wir Menschen denken nach und kommen zu dem Ergebnis, dass unser Leben bis anhin eigentlich doch ganz schön bunt war. Immer wieder mussten wir zwar Krisen überwinden; immer wieder erlebten wir aber auch Höhepunkte. Es gelangen uns Aufgaben, in unserem Beruf wurden wir anerkannt; wir haben vielleicht ein schönes Heim und lebenslustige Kinder. Und trotzdem: Wir können unser Leben nicht fassen, erfassen; es fließt an uns vorbei. Die Tage werden immer kürzer; nur zu oft gleicht ein Tag dem nächsten. Eine Woche reiht sich an die andere.

»So kann es nicht weitergehen«, überlegen wir und erinnern uns, dass wir, als wir vierzehn waren, ein Tagebuch bekamen und es mit Lust füllten.

Also besorgen wir uns ein neues Tagebuch. Ein Buch mit vielen leeren Seiten. Wir nehmen uns vor, ab heute aufzuschreiben, was wir erleben, fühlen und denken.

Ein Mensch setzt sich an den Schreibtisch, vor ihm die erste Seite schneeweißen Papiers. Er beginnt oben rechts mit dem Datum und … schon fängt der Stift an zu stocken. Was schreiben? Wie schreiben? Er strengt sich an, versucht seine Gedanken zu ordnen, aber sie sind zu verworren; sie lassen sich einfach nicht bündeln. Er kann nicht schreiben, weil die Fülle seines Lebens ihm wie ein Granitberg erscheint. Unmöglich, ihn einfach so mit ein paar Sätzen abzutragen. Und er beschließt, abzuwarten und auf einen neuen Schreibtag zu hoffen.

Vielleicht aber gelingt der Anfang. Er gehört zu den spontanen Menschen, die einfach irgendwo beginnen. Die Neugierde ist größer als der Zweifel. Er notiert, was er heute erlebt hat; nichts Außergewöhnliches, und doch erinnert er sich während der Niederschrift an eine Situation, die er schon beinahe vergessen hatte. Das freut ihn. Und er fährt fort. Auch am nächsten und am übernächsten Tag. Seite um Seite werden so gefüllt. Aber dann nach zwei, drei Wochen machen sich erste Ermüdungserscheinungen bemerkbar. Die Abstände werden länger und länger, und er schreibt nur noch von Zeit zu Zeit ein paar Gedanken in sein Buch. Bis er es eines Tages ganz liegen- und in einer Schublade verschwinden lässt.

Gehören Sie zu den beiden oben beschriebenen Menschen? Es sind Prototypen. Erstaunlich viele Leute haben in ihrem Leben irgendwann einmal Tagebuch geführt oder es zumindest versucht. Auch viele Männer. Sie haben geschrieben, solange sie in einer Krise steckten, und dann schnell wieder aufgehört, sobald ihre Situation leichter wurde.

Vielleicht zählen Sie aber auch zu den Menschen, die Ausdauer zeigen. Sie mussten möglicherweise schon Durststrecken aushalten, bevor für Sie das Tagebuchschreiben zu einem täglichen oder wöchentlichen Ritual wurde. Ohne Ihre Aufzeichnungen fehlt Ihnen etwas im Leben. Sie schreiben vielleicht lieber äußere Ereignisse auf. Das, was sich um Sie herum ereignet, möchten Sie für sich oder Ihre Kinder und Enkel festhalten. Oder Sie gehören zu jenen Menschen, denen ihre Gefühlswelt wichtiger ist als die äußeren Ereignisse. Sie schreiben sich Ihren Frust von der Seele, Ihre Trauer, aber auch Ihr ganz persönliches Glück. Vielleicht haben Sie ein Traumtagebuch, oder Sie schreiben auf Ihren Reisen …

Schreiben Sie weiter, welchen Stil, welche Art und Weise Sie auch bevorzugen. Gleichzeitig lade ich Sie ein, neue Formen, so wie ich sie im methodischen und praktischen Teil vorstelle, auszuprobieren. Wechseln Sie ab. Schreiben Sie in Ihrer gewohnten Art weiter, und wagen Sie es, von Zeit zu Zeit, sich einem Thema auf eine für Sie im ersten Augenblick ungewohnte Art und Weise zu nähern.

Alle Leserinnen und Leser, die ein fast oder ganz leeres Tagebuch in ihrer Schublade liegen haben, ermuntere ich, es hervorzuholen und auf eine kreative, unkonventionelle Art zu füllen. Wie, das werden Sie gleich sehen.

Tagebuchschreiben auf kreative Art

Der Mensch ist ein Seiltänzer! – Er muss dauernd
sein Gleichgewicht verlieren
und es wieder zurückgewinnen,
sonst kann er die Kräfte nicht ausbalancieren,
die auf ihn wirken.

GOTTLIEB GUNTERN

Das Wort kreativ wird heutzutage arg strapaziert. Es ist zu einem Modewort geworden, dessen Bedeutung niemand so genau kennt. Man kocht kreativ, kleidet sich kreativ, richtet sich kreativ ein …

Es hat seinen Ursprung im lateinischen »creo«: Ich bin schöpferisch tätig, schaffe, erschaffe, bringe hervor, zeuge, gebäre.

Kreativität ist etwas Dynamisches, ein Prozess, der sich entwickelt, entfaltet, verwandelt. Ein Prozess, der Ursprung, Weg und Ziel in sich birgt. Zeugen beschreibt eine Bewegung nach innen, gebären eine Bewegung nach außen. Ein Mensch, der kreativ ist, bewegt sich in beide Richtungen. Er zeugt etwas, bringt dieses Neue zur Welt und lässt es wachsen und gedeihen.

Was hat das nun mit Schreiben zu tun? Jeder Mensch, der schreibt, ist schöpferisch tätig. Er gestaltet sein Thema mit Worten, indem er seine Gefühle, Gedanken und Erlebnisse zusammenfassend zu Papier bringt. Er schreibt beispielsweise einen freien Text, um ihn dann in einem zweiten Schritt zu einem Gedicht zu komprimieren. Aus Worten entstehen neue Worte, aus Gedanken neue Gedanken. Dabei kommt es auf den Prozess an, der während des Schreibens stattfindet, und nicht auf das Produkt. Was lösen einzelne Gedanken aus? Was haben sie mit mir zu tun? Auf einen ersten Schritt folgt oft ein zweiter und auf einen zweiten ein dritter Schritt. Der Schreibende zeugt, indem er einen Gedanken niederschreibt und gebärt, indem er aus dem ursprünglichen Gedanken eine Erkenntnis entstehen lässt.

Kreativität bedeutet auch Wagnis: Alles ist ungewiss. Es bedarf der inneren Freiheit, um etwas Neues auszuprobieren und Gewohntes in Zweifel zu ziehen. Oder sogar sich selbst zu hinterfragen, widersprüchlich sein zu dürfen, nonkonforme Denkweisen aufzuschreiben, verrückte Erkenntnisse festzuhalten. Im Tagebuch ist das alles möglich. Niemand wird den Schreibenden kritisieren, außer vielleicht er selbst. Schreibstil, Grammatik und Orthographie spielen keine Rolle. Die Angst, für unsere Fehler kritisiert zu werden, entfällt. Diese Angst hält oft die kreativsten Menschen davon ab, sich schriftlich auszudrücken. Das Tagebuchschreiben ist eine ideale Möglichkeit, angstfrei zu schreiben.

Zu einem kreativen Tagebuch gehört auch die Welt der Farben. Unterstreichen, durchstreichen, einrahmen, Buchstaben bunt anmalen, verzieren, vergrößern, verkleinern … Scheuen Sie sich nicht, Ihre Texte großzügig wie ein Kind zu gestalten. Schreiben Sie ein für Sie im Augenblick wichtiges Wort groß auf eine Seite. Fühlen Sie, was es bewirkt, und halten Sie die Gefühle fest. Malen Sie anschließend ein Bild.

Genießen Sie es, Seite um Seite zu füllen und zu gestalten. Freuen Sie sich über jeden Eintrag, denn er stammt von Ihnen. Sie sind die Schöpferin oder der Schöpfer Ihres Buches. Sie bringen das, was in Ihnen als Erfahrungsschatz schlummert, hervor, gebären es, bringen es zu Papier, wie es auch aussehen mag, was für einen Inhalt es auch haben mag. Und dies führt zu innerer Ruhe.

Der erste Schritt: Kauf eines Tagebuches

Tagebucheintragung:
Je edler das Notizbuch ist,
um so stärker spüre ich den Drang,
einen Fehler zu machen,
ein Wort falsch zu schreiben,
einen Satz auszustreichen, irgend etwas zu tun,
um eine gesunde Unvollkommenheit zu schaffen.
DAN MILLMAN: »Das kreative Tagebuch«

Es ist interessant zu beobachten, wie viele Kursteilnehmer in einem Tagebuch-Workshop mit einem Schreibheft oder gar mit einem Block erscheinen. Das Tagebuch bleibt zu Hause. Sie besitzen vielleicht ein besonders schönes, handgebundenes, eines, das ihnen einst eine Freundin oder ein Freund schenkte. Und nun liegt es bereits seit langer Zeit in der Schublade und wartet auf den ersten Eintrag. In so ein schönes Buch haben viele Menschen Hemmungen einfach hineinzukritzeln, draufloszuschreiben, Worte oder ganze Sätze durchzustreichen, verschiedene Formen auszuprobieren. Was, wenn die Einträge nicht gelingen, wenn sie nichtssagend sind, banal, gewöhnlich? Herausgerissene Seiten sieht man sofort, und sie lassen das Buch auseinanderfallen. Ein wertvolles Buch verpflichtet zu sogenannten guten Texten. Und wie weiß ich im voraus, ob der Text auch gelingt, ob er mir entspricht, ob er das aussagt, was ich ausdrücken will?

Also bleiben sie lieber beim Schreibheft. Das kann man nach einem Frust getrost ins Altpapier werfen. Andere hingegen entschließen sich – wie die Tagebuchschreiberin im Zitat –, ein edles Notizbuch in ein kreatives Lustschreibebuch zu verwandeln.

Doch es gibt zwischen den beiden Extremen einen Mittelweg. Sie bekommen auf dem Markt mittlerweile für wenig Geld schöne, gebundene Bücher in allen Größen. Die meisten sind unliniert mit einer Eselsbrücke, und manche haben sogar ein Lesezeichen. Diese Bücher laden zum Schreiben und Gestalten ein. Die Wahl, ob ein größeres oder kleineres Tagebuch vorzuziehen ist, ist manchmal nicht ganz einfach. Wenn Sie es gerne mit auf Reisen nehmen, empfiehlt sich ein kleineres; die größeren eignen sich eher zum Gestalten. Nehmen Sie sich Zeit, bis Sie eines finden, das Ihnen gefällt. Und wenn Sie es schließlich in der Tasche haben, freuen Sie sich über Ihren Kauf. Sobald Sie es fast nicht mehr erwarten können, die erste Seite zu füllen, sind die Voraussetzungen optimal, dass dieses Buch wirklich Ihr Buch wird und dass Sie es bis zur letzten Seite vollschreiben werden.

Hilfsmittel

Vielleicht erinnern Sie sich an Ihre Jugendzeit, als Sie von Ihren Eltern oder von einem Onkel eine Buntstiftschachtel geschenkt bekamen. Sehen Sie die glänzenden Buntstifte vor sich, wie sie so wunderschön nach Farben abgestimmt und gespitzt in der Schachtel lagen und nur darauf warteten, herausgenommen und benutzt zu werden? Erinnern Sie sich noch an die Lust beim Auswählen des ersten Buntstiftes, wie er über das weiße Papier glitt und es mit Farbe füllte?

Es ist praktisch, beim Schreiben eines Tagebuches genügend farbige Stifte um sich zu haben, damit sich dieses Buntstiftgefühl einstellt. Faserstifte gibt es heute ebenfalls in vielen Farben, dicke und dünne. Buntstifte, Filzstifte, Kugelschreiber, Füller mit verschiedenfarbigen Tintenpatronen. Wählen Sie aus, was Ihnen zusagt; wechseln Sie ab; schreiben Sie, wenn Sie Lust haben, jeden Eintrag in einer anderen Farbe. Gestalten Sie farbige Titel, unterstreichen Sie in verschiedenen Tönen, rahmen Sie die für Sie wichtigen Sätze bunt ein. Malen Sie zwischendurch ein Bild, auch wenn Sie meinen, nicht zeichnen zu können.

Je bunter Ihr Buch wird, desto mehr Freude haben Sie beim Durchblättern. Und das Immer-wieder-Durchblättern hilft Ihnen, weiterzuschreiben, weiter zu gestalten, Seite um Seite bis zum letzten Blatt zu füllen. Und danach zu einem neuen Band zu greifen …

Intimität

»Ich würde gerne Tagebuch schreiben, wenn ich ganz sicher wäre, dass es von niemandem gelesen wird.« Ihr Mann sei zwar nicht neugierig und ihre Kinder noch zu klein, um Interesse daran zu haben, und trotzdem … Der Gedanke, irgend jemand würde in ihren intimen Empfindungen herumstöbern, und sei es auch erst nach ihrem Tod, lasse sie gar nicht erst damit beginnen. Die junge Frau, die das sagt, wirkt in diesem Augenblick ernst und auch etwas ratlos. Denn schreiben würde sie schon gerne, nicht nur Geschichten aus der Phantasie, sondern vor allem Geschichten aus ihrem Leben. All die Erfahrungen und Erlebnisse, die sie geprägt haben, und die damit verbundenen Gefühle könnte sie so festhalten und manche davon leichter loslassen. Aber diese Dinge sind persönlich. Und darunter sind auch ein paar Geheimnisse.

Ich weiß im Augenblick zu diesem Problem keinen Rat. Eine Schublade, die man abschließen kann, ist zwar eine Lösung, aber keine befriedigende für diese Frau. Denn die abgeschlossene Schublade würde ganz sicher nach ihrem Tod geöffnet, das weiß sie. Und das hindert sie, zu beginnen.

Ich glaube, es bedarf zweier Voraussetzungen, damit das intime Schreiben gelingt und nicht blockiert wird: Vertrauen, dass Ihr privates Umfeld keinen Vertrauensmissbrauch begeht, und Gelassenheit, dass nach Ihrem Tod diejenigen, die Ihre Tagebücher in die Hände bekommen, achtsam damit umgehen.

Ungeachtet des Vertrauens in unsere Mitmenschen sollten wir das Tagebuch nicht einfach herumliegen lassen. Auch ist es vielleicht ratsam, nur dann zu schreiben, wenn wir allein sind. Nicht, dass unsere Familienangehörigen nicht wissen dürfen, dass wir Tagebuch schreiben. Aber es vor ihren Augen zu tun kann Neugierde wecken und möglicherweise Frustration provozieren. »Sie schreibt wieder Tagebuch, anstatt mit mir zu reden«, denkt der Partner und verkriecht sich hinter die Zeitung. Tagebuch schreiben und mit dem Partner oder der Partnerin kommunizieren sind zwei ganz verschiedene Ebenen, auch wenn es möglicherweise um das gleiche Thema geht. Beim Tagebuchschreiben geht es um mich und meine Gedanken, beim Reden und Diskutieren mit einem anderen geht es immer auch um ein Du.

Tagebuchschreiben gehört in unsere Privatsphäre und ist meiner Ansicht nach ein Tabuthema. In der Regel können wir nur dann ungehemmt drauflosschreiben und unseren Gedanken freien Lauf lassen. Und wenn schlussendlich immer noch Angst vor der Entdeckung intimer Empfindungen und Gedanken da ist, empfehle ich, nach einer gewissen Zeit das Tagebuch ins Feuer zu werfen. Nicht achtlos, sondern in einem reinigenden Ritual.

Schreibhindernisse

Auf welche Schwierigkeiten könnten wir stoßen, außer auf die, dass das Schreiben nicht fließt? Die Hauptsache ist doch, dass geschrieben wird, dass in irgendeiner Form das ausgedrückt werden kann, was wichtig und notwendig ist. Und doch gibt es Hindernisse, die man nicht außer acht lassen sollte:

Tagebuch schreiben kann niemals das Gespräch mit einem anderen Menschen ersetzen. Wenn ich es tue, um Konflikte mit Menschen nicht austragen zu müssen, sehe ich darin eine Gefahr oder sogar einen Missbrauch. Allerdings kann ich in einer schwierigen Situation zuerst meine Gedanken und Gefühle auf dem Papier ordnen. Das verhilft zu Klarheit und zu Distanz. Auf diese Weise gelingt es oft besser, einen Konflikt oder offene Fragen gelassener anzugehen und nicht emotionell unbedacht zu reagieren.

Aus einer Gedanken-Tretmühle keine Schreib-Tretmühle machen. Immer wieder stoßen wir im Leben auf ein im Augenblick unlösbares Problem, das Energien bindet. Tag und Nacht plagen uns dieselben Gedanken, ohne dass wir ihnen entkommen könnten. Schreiben wir sie nieder, hilft das vielfach ein großes Stück weiter, und wir können uns von der ewigen Gedanken-Tretmühle befreien. Doch nicht selten schreiben wir dann seitenlang über das gleiche Thema, wiederholen unsere Gedanken, um anderntags wieder aufs neue zu beginnen. Wir drehen uns im Kreise. Aus der Gedanken-Tretmühle ist eine Schreib-Tretmühle geworden. Lesen wir das Tagebuch nach einigen Tagen oder Wochen durch, ist das oft der Anlass, nicht mehr weiterzuschreiben und es für längere Zeit oder sogar für immer beiseite zu legen, denn wir können unser eigenes Gejammer nicht mehr aushalten. Das ist schade. Nicht immer können wir unsere Probleme lösen, indem wir sie aufschreiben.

Schreibblockade. Sie würden so gerne schreiben, aber sobald Sie ein leeres Blatt Papier vor sich haben, verkrampfen Sie sich innerlich und überlegen sich lang und breit, was Sie schreiben und wie Sie beginnen sollten. Sie fühlen sich so leer wie Ihr Blatt vor Ihnen. Das hat oft mit schlechten Schulerfahrungen zu tun. Die Angst vor dem Rotstift hat sich tief in Ihrer Seele eingegraben. Da gibt es nur eine Lösung: Verfassen Sie einen kurzen Text über das, was eben jetzt in Ihnen vorgeht, über dieses Leersein, über Ihre Blockade. Schreiben Sie wild drauflos, ohne dass Sie den Stift absetzen. Sie müssen keinen Satz beenden, können Wörter endlos wiederholen, nur aufhören zu schreiben dürfen Sie nicht. Beginnen Sie mit dem Wort »Ich«, und fahren Sie dann einfach fort (SOP S. 66).

Schreibrausch. Auch wenn die Schreibblockade weit verbreitet ist, gibt es auch das Gegenteil: den Schreibrausch. Für Menschen, die Mühe haben, sich spontan auszudrücken, ist das nur schwer nachvollziehbar. Aber es gibt ihn wirklich. Wenn der Schreibfluss nämlich einmal in Gang gekommen ist, dann strömen uns die Worte nur so aus der Feder, und wir schreiben und schreiben und schreiben und können kaum mehr aufhören. Nach ein paar Wochen ist unsere Motivation dahin. Wir haben nur Seite um Seite gefüllt, mit vielen Wiederholungen, wie uns scheint, und viel unnutzem Geschwätz. Nun müsste man die Spreu vom Weizen trennen. Doch die Lust, das Geschriebene zu lesen, ist gering, und auch das Bedürfnis, fortzufahren, ist sehr schwach. Also lassen wir das Schreiben erst mal sein und legen das Tagebuch in die Schublade.

Abschreiben statt spontan schreiben. Tagebuch schreiben kann auch fragwürdig sein, wenn wir bei allem, was wir erleben, sozusagen danebenstehen und in Gedanken schon im voraus in unserem Kopf notieren, wie wir dies oder jenes in unserem Tagebuch berichten könnten. So kommen wir während des Aufschreibens nie spontan auf eine Erkenntnis oder zu einem Aha-Erlebnis. Es ist dann wie ein Abschreiben, das uns nicht weiterbringt.

Keine Nacherzählung schreiben. Sprechen Sie nicht vorher über das, was Sie im Tagebuch notieren wollen. Das Vorher-darüber-Reden löst die kreative Spannung und nimmt Ihnen den Schwung. Verfassen Sie auch keine Nacherzählung, sondern schreiben Sie spontan drauflos, ohne zu wissen, wohin die Gedanken Ihren Stift führen. Nach dem Schreiben über das Geschriebene erzählen oder es vorzulesen ist eine andere Sache. Tagebuch schreiben muss ja keine einsame Sache sein und kann Ihre Vertrauten ein Stück weit an Ihrer Gedanken- und Gefühlswelt teilnehmen lassen.

Zwanghaftes Beobachten, zwanghaftes Festhalten tötet die Bewegung, die zum Leben notwendig ist. Das Wort »Tagebuch« ruft in uns zwar die Assoziation hervor, dass wir täglich in unser Buch schreiben sollten, aber so eng sehe ich das nicht. Wir könnten das Tagebuch auch Lebensbuch oder Jahresbuch nennen. Es scheint mir dennoch wichtig, dass wir in der ersten Zeit die Einträge regelmäßig und möglichst oft machen, um so die Anfangsschwierigkeiten zu überwinden. Macht aber das Tagebuchschreiben Spaß, dann ist die Gefahr, es nicht fertigzuschreiben, klein. Auf keinen Fall sollten wir uns den Zwang auferlegen, das Buch unbedingt von der ersten bis zur letzten Seite füllen zu müssen.

Das Tagebuchschreiben kann auch zum ***Zerrspiegel der Wirklichkeit*** entarten. Es spiegelt fast ausschließlich das Negative. All das Schöne, das wir doch auch erleben, geht in den Problemen des Tages unter. Lesen wir es nach Jahren durch, schaudert es uns ob soviel Leid, das wir erdulden mussten. Dabei haben wir das Schöne und Beglückende, das wir sicher auch in schwierigen Zeiten erfahren durften, ganz einfach vergessen niederzuschreiben.

Natürlich sind Tagebucheinträge immer subjektiv gefärbt. Wir können ganz und gar nicht objektiv sein. Und trotzdem sollten wir uns bemühen, unser Leben ganzheitlicher wahrzunehmen, und uns bewusst Themen widmen, die uns auf eine positive Weise weiterbringen. Selbstverständlich gelten die gleichen Gedanken auch für Schreibende, die dem »Positivismus« verfallen sind.

Nun sind Sie mit Hindernissen konfrontiert worden, so als wäre das Tagebuchschreiben geradezu gefährlich. Das ist es natürlich nicht. Tagebuch schreiben sollte einfach Spaß machen und uns über eine längere Zeit Freude bereiten. Damit das gelingt, stelle ich nun im nächsten Kapitel verschiedene Möglichkeiten vor, sozusagen als Alternative zu den oben erwähnten Situationen.

Schreibhilfen

In kleinen ***Schreibportionen*** zu schreiben beugt ständigen Wiederholungen vor. Hören Sie mit Schreiben auf, solange es noch Spaß macht. Das gibt einen Motivationsschub für den nächsten oder übernächsten Tag. Eine knappe Schreibzeit sorgt dafür, dass Sie mehr zu sagen haben, als Ihnen Zeit zur Verfügung steht. Die Frustration, aufhören zu müssen, schafft den Drang, wieder beginnen zu dürfen.

Schreiben Sie lieber wenig auf einmal, aber dafür ***regelmäßig.*** Seien Sie beharrlich, bis Sie eine Struktur gefunden haben und das Schreiben Ihnen so wichtig geworden ist, dass Sie Ihre Schreibzeit herbeisehnen. Ein Ritual kann Ihnen dabei helfen. Vielleicht trinken Sie gerne vorher einen Kaffee oder hören sich Ihre Lieblingsmusik an. Finden Sie heraus, was Ihnen guttut, damit Sie frei werden fürs Schreiben.

Sie verzetteln sich weniger, wenn Sie nach einem ***selbstgewählten Thema*** schreiben. Sie bleiben bei der Sache, und der rote Faden wird sichtbar. Wenn Sie nun am Schluss Ihren Text noch mit einem Titel versehen (S. 25 und 28), haben Sie die Gewähr, dass Sie Ihren Tagebucheintrag auch später leicht wiederfinden.

Wenn Sie ein Thema gefunden haben, das Sie fasziniert und das Sie vertiefen möchten, gibt es verschiedene Methoden, sich ihm anzunähern. Sie können es von verschiedenen Seiten angehen, indem Sie ***mehrere Methoden ausprobieren.*** Schreiben Sie zum Beispiel zuerst einen »Schreiben ohne Pause«-

Text (S. 66), und komprimieren Sie anschließend die wichtigsten Aspekte zu einem Gedicht (S. 73 ff.).

Das Wichtigste beim Tagebuchschreiben ist die ***Fragestellung.*** Die richtige Frage zur richtigen Zeit: Das ist Lebenskunst. Stellen Sie sich immer wieder eine Frage, auch wenn Sie sie nicht sofort beantworten können. Kreisen Sie die Frage ein, indem Sie nach mehreren Antworten suchen. Mehr über dieses Thema finden Sie im Praxisteil.

Selbstverständlich brauchen Sie Ihre Einträge ***nicht im besten Schriftdeutsch*** abzufassen. Wie befreiend ist es doch, nicht auf Stil, Grammatik und Orthographie achten zu müssen, einfach drauflosschreiben zu dürfen, zwischendurch mal keine Punkte und Kommas zu setzen. So wirkt Schreiben befreiend. Spielen Sie mit der Sprache. Kreieren Sie Wörter, die nicht im Duden stehen.

Machen Sie sich ***keine Vorwürfe,*** wenn Sie eine Zeitlang keine Lust haben, zu schreiben. Beschuldigen Sie sich nicht, wenn Sie eine Situation gefühlsmäßig so gefangennimmt, dass Sie sich im Kreise herumdrehen, indem Sie nicht mehr aufhören können, zu schreiben. Versuchen Sie in einer solchen Situation den Kern Ihrer Aussage herauszukristallisieren. Markieren Sie die wichtigsten Gedanken Ihres Textes. Fühlen Sie sich frei, zu schreiben, wie, wo, was und wann Sie möchten.

Ruhe und Stille versus Kaffeehaus-Atmosphäre

Mein Schreibtisch ist derjenige Ort,
an dem ich ein kleines bisschen fliegen kann.
Jurek Becker

Vielleicht haben Sie in Ihrem Schlafzimmer eine stille Ecke eingerichtet. Sie sitzen am Tisch, vor Ihnen Ihr Buch, und all die liebgewordenen Utensilien sind griffbereit. Sie schauen aus dem Fenster, und der altvertraute Blick gibt Ihnen Ruhe, die Ruhe, die Sie brauchen, um ungestört zu schreiben. Schreiben hat so gesehen etwas Meditatives. Sie zentrieren sich auf sich selbst. Die Zeit gehört Ihnen.

Oder Sie gehören zu den Menschen, die keine stille Ecke in ihrem Schlaf- oder Arbeitszimmer brauchen. Im Gegenteil. Sie nehmen Ihr Tagebuch überallhin mit. Ich persönlich schreibe zum Beispiel besonders gern im Zug. Manchmal notiere ich meine Gedanken nur auf kleine Zettelchen, die ich anderntags dann einklebe. Ich liebe die Vorwärtsbewegungen des Zuges, die Geräusche, die damit verbunden sind, das Vorbeiziehen der Landschaft, die Menschen um mich herum – ihr Lachen und Schwatzen. Ich fühle mich so eins mit dem Getriebe der Zeit und ruhe doch ganz in mir selbst. So entspringt ein Gedanke, strömt eine Idee nach der anderen aus mir hervor, hinein in mein Buch.

Vielleicht brauchen Sie eine Kaffeehaus-Atmosphäre oder die besondere Höhlenstimmung einer Kneipe, das dichtgedrängte Zusammensitzen an kleinen Tischchen, den Duft aus der Kaffeemaschine, von Zigaretten und frischen Brötchen. Schriftsteller wie Hemingway und James Joyce haben sich immer wieder von einem solchen Milieu inspirieren lassen. Sie waren allein und doch nicht allein, in einem Ganzen aufgehoben. Die Sinneseindrücke und die Atmosphäre, die sie in einem Café vorfanden, waren für sie wichtig, um sich konzentrieren zu können. Auch auf Sie könnte diese Umgebung stimulierend wirken.

Doch wie dem auch sei: Schreiben Sie, wo und wann Sie Lust haben. Testen Sie verschiedene Varianten, verschiedene Zeiten, verschiedene Orte, verschiedene Stimmungen, und freuen Sie sich über jeden gelungenen Eintrag. Gelungen ist er, wenn Sie ganz mit dem Herzen dabei sind.

Schreiben am Computer

»Wo bleibt die Sinnlichkeit, wenn man am Computer schreibt?« empören sich immer wieder Kursteilnehmer und können sich eine so trockene Angelegenheit kaum vorstellen. Stimmt. Sinnlich ist das Schreiben am Computer nicht. Keine Möglichkeit, ein Buch aufzuschlagen, keine Gelegenheit, mit der Hand über die Seiten zu fahren, kein Füller, der kratzt, keine Schrift, die beruhigt, weil es die unsrige ist.

Ich schreibe trotzdem oft am Computer, und zwar dann, wenn ich in kurzer Zeit sehr viel loswerden möchte, wenn der innere Drang zum Schreiben groß ist, wenn ich etwas ganz Bestimmtes aufschreiben möchte, wenn meine Gedanken im Kopf, die ich mir von der Seele laden möchte, und meine Hände, die sie notieren, etwa gleich schnell sind. Ich lasse meine Emotionen aus mir herausströmen wie ein Fluss. Ich halte sie nicht auf, sondern tippe sie so, wie sie aus mir heraussprudeln, in die Maschine. Ich schreibe schnell und zügig. Ich reflektiere vorerst nicht, bringe meine Einfälle ohne Pause aufs Papier. Nie könnte ich so schnell von Hand schreiben, weil ich dann mehr überlege, bevor ich schreibe. Am Computer schreibe ich zwangloser, weil ich alles, was ich während des Schreibens empfinde, gleich wieder löschen könnte, wenn ich es wollte.

Da ich jedoch mein Tagebuch liebe, wechsle ich zwischen Computer- und Handschrift ab. Ich drucke den Text auf farbiges Papier aus und klebe ihn anschließend in mein Buch. Ich klebe gerne und viel: Bilder, Karten, Briefe, Zeichnungen. Warum nicht auch noch einzelne Texte? Gedichte schreibe ich nicht am Computer. Auch nicht, wenn ich mich mit einer Materie beschäftige, die Zeit und Muße braucht. Diese schreibe ich lieber von Hand nieder und zünde dazu eine Kerze an. Ich schreibe dann langsam und sachte das auf, was mir zu einem Thema einfällt. Vielleicht sind es nur ein paar Worte. Aber diese Worte haben sich aus mir herauskristallisiert, sind gewachsen, eventuell habe ich mit mir ringen müssen, und jetzt stehen sie sichtbar vor mir auf dem Papier. Für mich ist es wichtig, dass ich eher meditative, spirituelle Texte von Hand schreibe.

Doch ich könnte mir vorstellen, dass jemand, der wenig Zeit zur Verfügung hat und/oder gerne am Computer arbeitet, alle Einträge auf diese Weise eingibt. Die geschriebenen Dokumente können so direkt in die entsprechenden Dateien abgelegt werden. Am Computer ist es einfach, ein System einzurichten, das speziell auf den Tagebuchschreiber abgestimmt ist. Wer gerne Ordnung hat, wem durchgestrichene Sätze ein

Greuel sind, wer auf Bunt- und Klebestifte gerne verzichtet, weil er sie unnütz findet, warum sollte derjenige nicht das ganze Tagebuch am Computer schreiben? Zudem sind die gestalterischen Mittel heute immens groß. Man könnte das Tagebuch – wenn es fertig ist – für wenig Geld binden lassen und einen individuell gestalteten Buchdeckel entwerfen.

Die Frage, ob Sie ein Tagebuch am Computer oder von Hand schreiben sollten, ist also müßig. Ausprobieren heißt meine Devise. Die Form ist zwar wichtig, weil sie uns motivieren und erfreuen soll, aber schlussendlich ist der Inhalt doch wichtiger. Machen Sie es so, wie es Ihnen gefällt, ob auf kleinen Notizblöckchen, ob in einem Buch mit goldenem Rand, ob am Computer oder wie auch immer.

Tipps, damit das Schreiben lustvoll wird und bleibt

In diesem Kapitel möchte ich Ihnen einige meiner eigenen Gestaltungsvarianten vorstellen. Es sind Anregungen, die Sie selbstverständlich nicht eins zu eins übernehmen sollen. Übernehmen Sie das, was Sie anspricht, und gestalten Sie im übrigen Ihr Buch so, wie Sie es sich vorstellen.

Datum

Ein Tagebucheintrag beginnt normalerweise oben rechts mit dem Datum. Das ist die klassische Art und Weise des Beginnens. Sie können das Datum selbstverständlich überall hinschreiben, oben, unten, in die Mitte. Es empfiehlt sich jedoch, es nicht wegzulassen, damit Sie Ihren Eintrag später zeitlich einordnen können.

Titel

Einem Tagebucheintrag einen Titel zu geben ist ungewohnt. Doch Titel helfen ebenfalls, bestimmte Passagen wiederzufinden. Wenn Sie sich zu einem Titel entschließen können, dann schreiben Sie ihn möglichst erst am Schluss des Textes nieder, nachdem Sie Ihren Eintrag durchgelesen haben. Worum geht es? Welche Gedanken sind wichtig? Was ist das Wesentliche daran? Ganz einfach kommen Sie so auf einen stimmigen Titel, der das umreißt, was Sie aussagen möchten.

Inhaltsverzeichnis

In einem Tagebuch ein Inhaltsverzeichnis anzulegen scheint im ersten Moment eine seltsame Idee zu sein. Doch trifft man es nicht in jedem brauchbaren Buch an, warum also nicht auch in Ihrem? Schließlich sollen Sie leicht und schnell Ihre Einträge wiederfinden, auch wenn Sie zwei Jahre alt sind. Numerieren Sie die Seiten Ihres Buches. Zusammen mit den Titeln gibt das ein professionelles Verzeichnis, das Spaß macht. Sie spüren dann um so mehr, dass das Ihr Buch ist. Es beleuchtet einen Abschnitt in Ihrem Leben – ob schwer oder leicht –, Sie haben aktiv daran teilgenommen und ihn mitgestaltet.

Farben

Ob ein Tagebuch farbig gestaltet sein sollte oder nicht, ist Ansichtssache. Ich liebe, wie bereits erwähnt, Buntstifte und brauche sie als Motivation. Ich blättere sehr gerne in den geschriebenen Seiten herum und freue mich an deren Farbigkeit. Die bunten Titel der letzten Einträge beispielsweise regen mich an, weiterzuschreiben.

Vielleicht haben Sie als Kind eine Farbstiftschachtel bekommen und können sich noch an die Freude erinnern, die Sie darüber empfunden haben. Nehmen Sie dieses Gefühl zum Anlass, wenn Sie sich entscheiden, Farben zu verwenden.

Hervorhebungen

Schreiben ist wie eine Abenteuerreise. Wir fahren/schreiben immer weiter und wissen nicht, wo und wann die Reise aufhört. Doch wie auf jeder Reise gibt es, völlig unerwartet, einen Höhepunkt. Diesen halte ich besonders fest, indem ich ihn unterstreiche, farbig einrahme, nochmals schildere etc. Er ist der Kern, das Wesen einer Sache. Manchmal kommt eine Erkenntnis wie ein Geschenk angeflogen. Ohne Ringen steht sie einfach so da, hervorgeholt aus unserem Erfahrungsschatz, ohne dass wir nach ihr gesucht haben.

Freuen wir uns, wenn wir auf einen Gedanken gestoßen sind, der uns überrascht, den wir erschaffen haben. Auch wenn er schon längst von anderen ersonnen und aufgeschrieben wurde, er ist trotzdem von uns.

Hervorhebungen helfen auch, den roten Faden zu finden, falls wir später eine Rückschau oder Auswertung machen möchten (S. 151 ff.).

Gedicht

Haben Sie letzthin ein Gedicht gelesen, das Sie berührt hat? Schreiben Sie es ab, oder kopieren Sie es. Weshalb fühlen Sie sich gerade von diesem Gedicht angesprochen? Was klingt darin an? Schreiben Sie ein paar Worte darüber, oder formulieren Sie ein Antwortgedicht.

Zitate

Zitate aus dem Abreißkalender oder dem Zitatenlexikon sind gelegentlich etwas altbacken und belehrend. Aber eines Tages reißen Sie einen Zettel ab, dessen Zitat genau auf Sie zutrifft. Kleben Sie ihn in Ihr Buch, und halten Sie fest, was Ihnen dabei in den Sinn kommt.

Das Tagebuch und der Leim

Ob wir die Tageszeitung ausführlich lesen oder nicht, oft stoßen wir auf einen Artikel oder einen Bericht, bei dem wir hängenbleiben, der uns nicht kaltlässt. So ergeht es mir des öfteren. Ich schneide ihn aus, klebe ihn in mein Buch und versehe ihn mit einem übereinstimmenden bis bitterbösen Kommentar. Solche Anmerkungen können Rohtexte für einen Leserbrief sein, den Sie unbedingt abschicken sollten.

Erinnern Sie sich an den Inhalt und an die Stimmung des letzten Films, des letzten Theaterstücks? Vielfach konsumieren wir einfach zu viel und können so das Gesehene gar nicht verarbeiten. Wenn Sie in ein paar Sätzen Inhalt und Stimmung wiedergeben, bleibt das Geschaute länger haften.

In der Schreibwarenhandlung stehen Sie vor einem Ständer mit Karten. Kaufen Sie die schönste, und kleben Sie sie in Ihr Tagebuch. Sie sind nicht nur zum Verschenken da.

Sind Ihre Einträge im Tagebuch eher ernster Art? Kleben Sie einen gelungenen Cartoon ein, und erfreuen Sie sich seiner Pointe.

Traumtagebuch

Manche Menschen führen ein eigenes Traumtagebuch. Wenn Sie keines haben, notieren Sie Ihre Träume mit einer speziellen Farbe in Ihrem Tagebuch, oder schreiben Sie sie umgekehrt von unten nach oben, so dass sie beim Blättern hervorstechen. So finden Sie sie leichter, wenn Sie sie suchen.

Listen

»Schon wieder eine Woche vorbei«, stelle ich oft am Freitag ernüchtert fest und bedaure, dass die Zeit so schnell an mir vorbeirast. Nehme ich mir eine halbe Stunde Zeit und halte schriftlich listenartig fest, was ich in dieser Woche alles getan habe, bin ich meist zufrieden mit mir. Es geht in dieser Auflistung nicht allein um das Tun und Handeln, sondern auch um meine Seele und meinen Körper. Ich erinnere mich an eine Begegnung letzten Montag, die mir gutgetan hat, an einen Film, der mich berührt hat, ich entsinne mich eines mutigen Telefongesprächs und der Schwimmrunde, die ich mit Ach und Krach doch noch schaffte. Und die vierzig Stunden Arbeit sind auch nicht nichts.

Erstellen Sie hie und da am Ende der Woche eine Zusammenfassung, was Sie von Montag bis Freitag alles erlebt haben, um diesem Gefühl des Getriebenwerdens entgegenzuwirken.

Ritual

Wenn der Jahreswechsel unmittelbar bevorsteht, nehme ich mir regelmäßig die Zeit, in meinem Buch zu blättern, und stelle dabei immer wieder erfreut fest, dass dieses in wenigen Stunden abgeschlossene Jahr insgesamt ein gutes Jahr war. Ich habe geliebt, gelacht, gefühlt und gelebt.

Lesen Sie zum Jahresende Ihr Tagebuch durch. Sie werden verblüfft sein, wie reich Ihr Jahr war, obwohl Sie doch zeitweise vom Alltagsballast fast erdrückt wurden.

Fremdes Gedankengut mit eigenen Gedanken verknüpfen

Sie nehmen ein Buch aus dem Büchergestell, eines, das Sie schon vor zwei Jahren gekauft haben, mit dem Sie aber damals nichts anfangen konnten. Der Titel löst heute eine andere Assoziation aus, er klingt mit einem Male verheißungsvoll. Sie vertiefen sich in die ersten Sätze und sind augenblicklich in einer anderen Welt. Dieses Buch ist plötzlich mehr als ein gewöhnliches Buch, es entpuppt sich als eine Offenbarung. Das richtige Buch zur richtigen Zeit ist ein Geschenk des Himmels. »Genau das habe ich gesucht«, stellen Sie zufrieden fest und verschlingen Seite um Seite.

Während Sie sich nun ganz in die Stimmung und den Inhalt Ihrer Lektüre vertiefen, läuft in Ihrem Innern wie in einem Film Bild für Bild ab. Sie denken und empfinden aktiv mit. Wie in einem Sog lassen Sie sich mitreißen. Sie identifizieren sich mit der Hauptperson und der Handlung. Ein paar

Seiten weiter stoßen Sie auf Aussagen, mit denen Sie nicht einverstanden sind. »So kann es nicht sein«, denken Sie. »Ich habe da völlig andere Erfahrungen gemacht.« Und diese Erfahrungen, die Sie damals gemacht haben, sind mit einem Schlag wieder griffbereit, als hätten Sie sie erst gestern erlebt.

Ein solch aktiv gelesenes Buch – eines, das Sie ganz und gar anspricht, weil es Sie nicht kaltlässt, weil es etwas mit Ihnen zu tun hat – sollten Sie nicht sofort wieder ins Regal stellen.

Zwei-, dreimal im Jahr treffe ich auf ein solches Buch, das ich dann spaßeshalber als »die Bibel« bezeichne. Ich nehme mir Zeit und lese es nochmals durch. Einzelne wichtige Sätze schreibe ich ab. Einen ganzen Abschnitt, der für mich neu ist oder der mir weiterhilft, kopiere ich. Ich markiere zentrale Stellen, schneide eine Seite aus und klebe sie links in mein Tagebuch. Rechts kommen meine eigenen Gedanken dazu. Ich überlege, was dieser Abschnitt, dieser Satz, jenes Wort auslöst, und spinne diese schreiberisch weiter. Ich nehme eine These auf, transformiere sie und mache so eine Reise zu mir selbst.

Wir müssen das Rad nicht erneut erfinden. Im Grunde genommen ist jeder Gedanke, den wir in unserem Leben dachten, schon x-mal gesagt und geschrieben worden. Und doch kann er in einem bestimmten Lebensabschnitt wie in einem neuen Kleid daherkommen. So wie Luise Rinsers »ungeschriebene Geschichten« aus »Septembertag«, wenn Sie schreibt: »Meine ungeschriebenen Geschichten«, das ist ein dicker Band. »Wohin eigentlich entschwinden solche Einfälle, solche still und rasch für mich ersonnenen Geschichten? Es geht doch nichts verloren im All. So wird sie denn wohl ein anderer auffangen aus der Luft. Vielleicht sind meine Einfälle auch bloß die verschmähten, bloß die Abfälle von anderen Autoren, von lebenden, von längst dahingegangenen. Alles gehört ja allen, und keiner von uns erfindet etwas, er nimmt es nur auf mit seinen Antennen.« Sie nehmen also mit Ihrer Antenne genau die Gedanken und Geschichten auf, welche Sie für Ihren jetzigen Lebensabschnitt brauchen. Ja mehr noch: Sie ziehen sie an. Das ist so, wie wenn Sie von Beruf Briefträger oder Postbeamtin wären. Die gelben oder grünen Briefkästen zu Hause würden Sie schon von weitem sehen, und in einer fremden Stadt hätten Sie auch keine Mühe, die Poststellen ausfindig zu machen. Das, was wir brauchen, zieht uns, wenn wir sensibilisiert sind, magisch an.

Praktische Umsetzung

Grundsätzlich können wir uns von jeder schriftlichen Mitteilung inspirieren lassen: Zeitschriften, Zeitungen, Werbung, Belletristik, Sachbücher usw.

Jedes Wort, jeder Satz löst etwas in uns aus. Wenn wir mit einem Gegenüber reden, verknüpfen wir fremde Vorstellungen mit eigenen. Der gleiche Mechanismus spielt sich beim Lesen ab. Das geht ganz schnell und läuft vielfach unbewusst ab.

Immer wieder stoßen wir auf Gedanken, die neu für uns sind, oder auf solche, mit denen wir uns seit einiger Zeit herumschlagen, die uns beschäftigen. Oder aber, wie oben beschrieben, auf solche, mit denen wir ganz und gar nicht einverstanden sind. Das sind Gedanken, die wir aufnehmen und weiterspinnen sollten. Daraus entsteht eine Geschichte – unsere Geschichte.

Kopieren, schneiden, markieren, kleben Sie die Gedanken anderer in Ihr Tagebuch. Nehmen Sie diese zum Anlass, etwas Eigenes daraus zu machen, indem Sie sie mit Ihrem Leben vergleichen, sie annehmen, ablehnen, übernehmen und weiterentwicklen.

Ich wünsche Ihnen dabei viel Vergnügen.

Fragmentarisch schreiben – ideal für Nichtperfektionisten

Fragmentarisch schreiben heißt, einen bruchstückhaften, unvollständigen Text zu schreiben. Fragmentarisch schreiben befreit von Zeitdruck und von Perfektion. Nicht die Menge der Worte und Gedanken ist entscheidend, um etwas Wesentliches auszudrücken. Manchmal brauchen wir zwar viele Worte, um das zu formulieren, was wir meinen. Wir dringen dann langsam ins Zentrum vor, bis wir sicher sind, dass wir das auf den Punkt gebracht haben, was wir aussagen wollen. Oft aber genügt ein Satz, und dieser Satz trifft den Nagel auf den Kopf. Bisweilen reicht sogar ein einziges Wort. Wenn wir dieses Wort spater lesen, öffnet sich ein Vorhang, und hinter dem Vorhang erscheint unsere Geschichte. Wir wissen sofort, um was es geht.

Wenn Sie also wenig Zeit haben und trotzdem täglich ein, zwei Gedanken in Ihrem Tagebuch notieren möchten, setzen Sie sich für ein paar Minuten hin, werden Sie ruhig und spüren Sie Ihren Atem. Beobachten Sie, was jetzt gerade geschieht, und schreiben Sie in höchstens drei, vier Sätzen auf, was Sie wahrnehmen oder was Ihnen im Kopf herumgeht. Wir denken ja ununterbrochen und können, selbst wenn wir wollten, nicht einfach unseren Gedankenfluss abstellen und leer werden.

Es gibt Gedanken, die durch unser Hirn streifen wie Schmetterlinge. Andere setzen sich und werden schwer wie Steine. Letztere halten wir automatisch fest. Die Schmetterlingsgedanken aber sind genauso interessant. Sie gleiten meistens unbeachtet an uns vorbei, und wir nehmen sie nicht oder kaum wahr. Versuchen Sie, diese Gedanken in wenigen Sätzen zu skizzieren. Sie werden dabei überraschende Entdeckungen machen. Sie stoßen auf Erkenntnisse, die Ihnen vielleicht Mut machen, sie in die Tat umzusetzen, oder Sie sehen etwas zum ersten Mal, obwohl sie es täglich um sich haben. Notieren Sie diese Gedanken in Ihrem Tagebuch, und freuen Sie sich darüber, dass Sie diese einfangen konnten.

Im Grunde genommen schreiben wir, wenn wir fragmentarisch schreiben, genau so, wie wir denken, nämlich bruchstückhaft. Es geht uns darum, einen Gedanken frei, schnörkellos, ohne Einleitung oder Schlusssatz zu Papier zu bringen. Und ihn einfach so stehenzulassen. Wir brauchen nicht in jedem Fall alles zu hinterfragen. Es ist zwar wünschenswert, wenn wir das von Zeit zu Zeit tun und versuchen, auf diese Weise in die Tiefe zu gehen, um uns selbst besser zu verstehen und entsprechend zu handeln. Doch Gedanken zwischendurch einfach so schriftlich zu fixieren ist befreiend. Es zeigt uns, dass wir leben und nicht gelebt werden. Wir spüren unsere innere Vitalität, und so bleiben wir jung, unabhängig von unserem Alter.

Wie vorgehen?

- Setzen Sie sich bequem hin, schließen Sie die Augen, warten Sie auf den ersten Gedanken. Greifen sie ihn auf, auch wenn er Ihnen nichtssagend vorkommt.

- Schreiben Sie ihn so knapp wie möglich nieder, und bleiben Sie bei diesem einen Gedanken oder dieser einen Beobachtung.

- Warten Sie auf Ihren nächsten Einfall, den Sie wiederum so knapp wie möglich skizzieren.

- Sie können die einzelnen Ideen und Beobachtungen untereinander abgrenzen, indem sie verschiedene Farben verwenden oder Striche ziehen.

- Fragmentarische Texte lassen sich auch gut im Büro am Computer schreiben. Zehn Minuten genügen meist. Das Blatt, das Sie ausdrucken, können Sie später in Ihr Buch kleben.

Beispiele:

- Schnelles Treppensteigen bringt mich außer Atem, und die Beine schmerzen. Trotzdem bin ich froh, dass kein Lift im Haus ist.

- Der Bus verspätet sich. Ich schaue auf die Uhr und werde unruhig. Dabei habe ich dadurch endlich ein bisschen Zeit für mich.

- Ich bin eine Frau, die nie genug Zeit hat. All die Schätze um mich herum. Ich möchte sie alle entdecken und weiß gleichzeitig, dass ich auswählen muss. Auswählen können (nicht müssen) ist eine Form von Reife.

- Die Spatzen nehmen schon wieder meinen Balkon in Besitz. Ich will ihn aber nicht teilen, sollen sie woandershin. Wie setze ich mich durch?

- Ich liege im Bett und überlege mir, wieviel Faulheit ich mir zugestehen will. Gerade so viel, wie mein Leistungsdruck es zulässt. Ich leiste nur etwas unter Leistungsdruck, dabei würde ich so gerne faul sein.

- Kompromisse brauchen Zeit. Wenn ich mich blitzartig entscheiden muss, gibt es für mich nur ein Ja oder ein Nein. Das muss ich Peter noch sagen.

- Wie froh bin ich, dass es heute regnerisch ist. Bei Sonnenschein zieht es mich nach draußen, und ich sollte doch …

- Ich fühle mich vom Kopf bis zum großen Zeh gesund und spüre meine Energie. Ich bin dankbar dafür. Morgen schon kann es wieder anders sein.

Das Reisetagebuch

»Gott sei Dank«, bemerkte meine Kollegin, »konnte ich mich von der Sucht befreien, auf jeder Reise ein Reisetagebuch mitschleppen zu müssen. Ständig war ich zwei Tage in Verzug und konnte deshalb die Ferien nicht richtig genießen, denn durchhalten wollte ich, und das brauchte sehr viel Disziplin. Heute bin ich befreit und gehe ohne Tagebuch in den Urlaub und genieße ihn in vollen Zügen.«

Ich verstand sie gut. Disziplin brauchen wir bereits mehr als genug in unserem Alltag; die Ferien sollten uns nicht auch noch mit selbstauferlegten Verpflichtungen belasten. Allerdings empfinde ich beim Aufschreiben meiner Reiseeindrücke Lust, weil ich mich nicht bemühe, meine Reise lückenlos zu dokumentieren. Eine Reise chronologisch zu beschreiben überfordert ganz schnell. Ich persönlich schreibe nichts auf, das ich in einem Reiseführer ohnehin nachlesen kann. Das Reisetagebuchschreiben soll eine Ergänzung zum Reiseführer sein, keine Konkurrenz.

Die einfachste und unkomplizierteste Art, ein Reisetagebuch zu schreiben, besteht im Verfassen von Miniaturen. Damit meine ich kurze Beobachtungen, die Schnappschüssen mit einer Kamera ähneln.

Miniaturen sind einzelne Eindrücke, die ich unmittelbar sehe, höre, beobachte, spüre, rieche, schmecke, fühle, also Sinneswahrnehmungen. Das kann ein aufgefangener Dialog sein oder die Beschreibung eines besonderen Schildes über einer Haustür. Ich beiße in eine Frucht, die mir fremd ist, und versuche ihren Geschmack festzuhalten. Ich beobachte, wie zwei Tauben miteinander turteln. Manchmal reichen wenige Sätze, um ein Bild und die damit verknüpfte Stimmung einzufangen.

All diese Miniaturen ergeben ein Bild – ein farbiges Reisebild. Sie sind wie Mosaiksteinchen, die zusammen ein Ganzes bilden: meine Reise, so wie ich sie erlebt habe. Dabei spielt es keine Rolle, was ich am Montag, Dienstag oder Mittwoch gemacht habe. Zeit ist in diesem Zusammenhang unwichtig, im Gegensatz zu all den Wahrnehmungen, verbunden mit den entsprechenden Gefühlen. So entstehen schriftlich skizzierte Begebenheiten, mal flüchtig hingeworfen, mal mit Liebe zum Detail, mal gekritzelt, mal in schöner Schrift. Nüchterne Betrachtungen mischen sich mit schillernden Impressionen und philosophischen Gedanken. Das alles hat in einem Reisetagebuch Platz: »Dort, wo der Teich hin soll, ist das Gras versteppt. Die Tiere haben Baumstämme angenagt. Der scharfe Mist verbrennt einen Teil der Pflanzen. Wenn es regnet, wird aus der aufgescharrten Erde Morast.«, schreibt Barbara Frischmuth. Um etwas später fortzufahren: »Mit klammen Fingern ein Buch schreiben, dass ich nicht lache!« Natürlich schreibt sie das (Tage)Buch trotzdem …

Es ist einfacher, ein Reisetagebuch zu führen, wenn man die Ferien an einem bestimmten Ort verbringt. Zeit und Muße zum ungestörten Schreiben sind so leicht zu finden. Wandere oder fahre ich von Ort zu Ort, werde ich oft von Eindrücken überschwemmt. Das Reiseprogramm ist vollgestopft mit Sehenswürdigkeiten und meine Neugier größer als das Bedürfnis innezuhalten. In diesem Fall ist ein kleiner Notizblock in der Tasche sinnvoll, um während Wartezeiten kurz einige Eintragungen zu machen. Diese Notizen lösen später Assoziationen aus, verschiedene Bilder. Mit Hilfe dieser Bilder kann ich im nachhinein meine Reisegeschichten aufschreiben. Es muss nicht alles gleich vor Ort aufgeschrieben werden. Eine gewisse Zeitspanne zwischen dem Geschehen und der Niederschrift schadet der Unmittelbarkeit des Textes nicht.

Wie auch immer Sie Ihre Ferien verbringen: Halten Sie fest, was Sie erlebt, gefühlt und beobachtet haben. Noch Jahre später werden Sie sich an Ihre Ferien erinnern, so als wären sie erst gestern gewesen. Anregungen dazu finden Sie im Praxisteil (S. 89).

Das Freudentagebuch

Sie haben nur wenig freie Zeit und möchten trotzdem ein Tagebuch führen. Wie wäre es mit einem Freudentagebuch? Kaufen Sie sich im Schreibwarengeschäft einen Kalender mit Tagesblättern. Hier notieren Sie sich in Stichworten ein Ereignis, eine Szene, die Ihnen den Tag erhellt hat. Die Rückschau des Tages und das anschließende Aufschreiben eines Satzes wird Sie nicht mehr als zwei, drei Minuten beanspruchen. Versuchen Sie es, und nehmen Sie sich vor, mindestens einen Monat lang eine Freude pro Tag einzutragen. Sie werden im nachhinein staunen, wie reich Ihr Leben ist, selbst wenn Sie nicht gerade in Hochform sind, Ihren Alltag als langweilig bezeichnen und vielleicht eben eine Durststrecke in Kauf nehmen müssen.

Es wird Tage geben, da könnten Sie leicht ein Dutzend

freudvolle Augenblicke nennen. Alles, was Sie anfassen, gelingt. Sie begegnen Menschen, die Sie interessant finden, und Sie nehmen plötzlich vieles in Ihrer Umgebung wahr, das Sie positiv beeinflusst. Das bringt Ihrem Alltag Farbe und Abwechslung. Da fällt Ihnen wahrscheinlich abends die Auswahl schwer. Schreiben Sie einfach das auf, was Ihnen spontan als erstes einfällt.

An anderen Tagen, das wissen wir aus Erfahrung, sieht die Welt trüber aus. Sie liegen abends im Bett und überlegen, ob Sie heute überhaupt einen einzigen freudvollen Augenblick erlebt haben. Nichts Schönes kommt Ihnen in den Sinn. »Das war wieder mal ein typischer Tag, den ich passiv über mich ergehen lassen musste, einer, um den es nicht schade ist. Schade ist nur, dass ich schon wieder einen Tag älter bin«, denken Sie. Suchen Sie trotzdem, bis Ihnen ein kleiner, klitzekleiner froher Augenblick einfällt, und schreiben Sie ihn auf. Vielleicht haben Sie während der Arbeit kurz aus dem Fenster gesehen und einen Vogel beim Flug beobachtet? Oder es kommt Ihnen in den Sinn, dass Sie

- einer bestimmten Person begegnet sind, die sich ehrlich freute, Sie zu sehen;

- einen Anruf von einem Menschen erhalten haben, von dem Sie seit längerer Zeit nichts mehr gehört hatten;

- das Formular für die Behörden endlich ausgefüllt haben und nun mit einem entspannten Gefühl einschlafen können;

- die blitzartige Erkenntnis hatten, dass es Ihnen körperlich gutgeht;
- sich freuten, dass Sie gut geschlafen hatten;
- heute Zeit für Ihr Hobby gefunden haben;
- besonders gut gegessen haben;
- beobachteten, wie die Krokusse über Nacht die Wiese in einen violetten Teppich verzauberten;
- spontan mit einem Freund einen Schlummertrunk genommen haben;
- für Ihre Arbeit Anerkennung bekommen haben;
- ein Kompliment über das Essen erhielten, das Sie zubereitet hatten;
- eine spannende Fernsehsendung gesehen haben;
- die angenehme Wärme einer geheizten Wohnung wahrnahmen;
- der Briefträger mit persönlicher Post beglückte;
- etwas fanden, wonach Sie lange gesucht haben;
- etwas wagten, das Ihnen vorher angst machte;

- bei einer Situation gelassen reagierten, obwohl es Ihnen nicht leicht fiel, ruhig zu bleiben;
- irgend etwas das erste Mal taten;
- gemeinsam kauften, was Sie sich schon lange gewünscht haben;
- ein unerwartetes Geschenk bekamen;
- jemanden beschenkten usw.

Doch nicht zuletzt: Freuen Sie sich darüber, dass Sie sich freuen können. Darin besteht die größte Freude und der Beweis, dass Sie lebendig sind.

Das Paartagebuch

Ein Tagebuch zu zweit zu schreiben ist für die meisten unter uns neu. Entscheiden Sie sich dafür, sollten Sie beide eine gewisse Neugier mitbringen, aber auch Mut, sich auf Ungewohntes einzulassen. Freies Schreiben ist, wie schon erwähnt, ein Abenteuer. Sie beginnen und wissen nicht, wohin die Reise führt. In bezug auf das Paartagebuchschreiben führt Sie die Reise bestimmt zu einem Ziel: sich besser und von einer anderen Seite her kennenzulernen und einander ein Stück weit auf eine tiefere Art zu begegnen und zu verstehen. Sie werden Berührungspunkte finden, die Ihnen Energie geben, Ihren gemeinsamen Weg weiterzugehen. Schreiben zu zweit bringt frischen Wind in Ihre Beziehung. Es hilft aber auch, stärker verbunden zu bleiben, wenn beide einen vollen Terminkalender haben und die gemeinsame Zeit knapp ist. Eine Viertelstunde gemeinsame Schreibzeit bewirkt oft größere Vertrautheit, als wenn Sie einen ganzen Tag achtlos nebeneinander her leben und einander kaum wahrnehmen und beachten.

Entschließen Sie sich, ein Paartagebuch zu führen, ist es wichtig, gemeinsame Absprachen zu treffen. Nachstehend ein paar Punkte, die wichtig sind, damit diese Art des Tagebuchschreibens wirklich gelingt:

- Nehmen Sie auf die Gefühle Ihrer Partnerin, Ihres Partners Rücksicht. Seien Sie ehrlich und trotzdem feinfühlig. Manipulieren und verletzen Sie nicht.

- Klagen Sie nicht an. Schreiben Sie nicht: »Du musst …«; »Du sollst …« Benützen Sie Ich-Meldungen. Schreiben Sie zum Beispiel: »Ich habe Angst, dass wir das nicht schaffen werden.«

- Selbstmitleid ist nicht angebracht. Selbstmitleid bewirkt beim Partner Schuldgefühle, und die Lust, gemeinsam ein Buch zu füllen, ist so meistens schnell nicht mehr da. Es wäre schade, wenn Ihr Projekt deshalb ins Wasser fiele.

- Behalten Sie das, was Sie über Ihren Partner lesen, für sich. Erzählen Sie es keiner Drittperson. Geschriebenes wiegt schwerer als Gesprochenes. Schreiben bewirkt, dass wir mit tieferen Schichten unseres Bewusstseins in Verbindung kommen und mehr Nähe zulassen, und das auszunützen wäre Gift für Ihre Beziehung.

- Bestimmen Sie einen gemeinsamen Platz, der für Ihre Kinder und für andere Personen unzugänglich ist. Es scheint mir wichtig, dass Sie so persönlich werden können, wie Sie möchten, und keine Angst haben müssen, dass andere alles über Ihre Gedanken und Gefühle nachlesen könnten.

- Empfehlenswert ist, am Anfang eine gewisse Regelmäßigkeit einzuhalten. Sprechen Sie ab, ob Sie täglich, wöchentlich oder nur monatlich schreiben möchten. Vielleicht müssen Sie beide gewisse Widerstände überwinden. Geben Sie nicht so schnell auf, schreiben Sie weiter, auch wenn Sie ewas befangen sein sollten. Das mulmige Gefühl, vor einem leeren, weißen Blatt zu sitzen, kennen auch Schriftsteller. Zu zweit überwindet es sich leichter.

- Das gemeinsame Tagebuchschreiben ist kein Ersatz dafür, miteinander zu reden, aber eine ausgezeichnete Ergänzung dazu. Sprechen Sie von Zeit zu Zeit über das, was Sie geschrieben haben, und tauschen Sie Ihre Empfindungen darüber aus.

- Wenn Sie sich über etwas nicht einig sind, wenn Sie etwas beschäftigt oder schmerzt, dann kann es sinnvoll sein, sich schreibenderweise ganz langsam und sachte aufeinanderzu zu tasten. Es ist dann besonders wichtig, dass Sie nicht anklagen und sich keine Vorwürfe machen, sondern sachlich bleiben. Es kann sinnvoll sein, während des gemeinsamen Ringens und Suchens *nicht* miteinander zu diskutieren. Lassen Sie sich bei einem Problem genügend Zeit, es zu lösen, und reden Sie erst darüber, wenn Sie eine Lösung gefunden haben. Ein Tipp: Hören Sie in Ihrem Tagebucheintrag mit einem positiven Gedanken auf.

- Rechtschreibdiskussionen sind tabu. Wenn ein Partner sich besser ausdrücken kann als der andere, sollte dies kein Hindernis für die Verständigung bilden. Es geht beim Tagebuchschreiben nicht um Syntax-Fragen, sondern um einen gegenseitigen Austausch. Welchen Stil Sie dazu benützen, ob Sie groß oder klein schreiben, all das hat keine Bedeutung.

- Lassen Sie sich im Praxisteil von meinen Anregungen inspirieren, aber geben Sie Ihren eigenen Einfällen den Vortritt. Plötzlich entdecken Sie ein gemeinsames Thema, das Sie fasziniert. Bleiben Sie bei diesem Thema, solange Sie mögen und bis Sie es ausgeschöpft haben.

- Ein Tagebuch kann auch eine Chronik sein. Schreiben Sie auf, was Sie dieses Jahr erlebt haben, bebildern Sie Ihre Texte mit Fotos, Skizzen, Bildern … Gestalten Sie Ihr gemeinsames Buch.

- Fragen Sie nicht jedesmal: »Ist es dir recht, wenn ich das und das so mache?« Auch wenn es ein gemeinsames Buch ist, gehört Ihnen die Hälfte davon, und diese Seiten können Sie gestalten, wie Sie wollen.

- Nehmen Sie Ihren Humor mit auf die Paartagebuchreise. Jeder Eintrag macht dann viel mehr Spaß und fördert die Lust, weiterzuschreiben und zu gestalten. Mit Humor gelingt oft die schwierigste Aussage, er verletzt nicht und kann Wunden heilen.

Wie auch immer Sie das gemeinsame Schreiben erleben – ganz bestimmt bereichert es Ihren Alltag und Ihre Beziehung.

Das Familientagebuch

Alle Taten in der Welt haben
ihren Ursprung in der Phantasie.
Barbara Grizzuti Harrison

Sie sind als Familienoberhaupt voll in Ihrem Element. Sie genießen es, Mutter oder Vater zu sein. Selbstverständlich gibt es ebenso Momente, in denen Sie Ihre Kinder auf den Mond schießen könnten. Dann wieder erleben Sie sich geborgen und aufgehoben im Familienclan.

Die Zeit rast, die Kinder werden größer, entwickeln sich, und damit ändert sich auch der Familienalltag. Andere Aktivitäten kommen zum Zug, die Interessen teilen sich, die Wünsche werden vielfältiger. Sie als aktive Eltern gehen mit der Zeit, zögern manchmal, schreien hin und wieder: »Halt!«, verändern sich. Und ehe Sie sich's versehen, sind Ihre Kinder schon ausgeflogen. Sie schauen zurück – vielleicht mit einem leisen Bedauern – und staunen über die rasend schnell vorbeigeflogenen Familienjahre.

Ein Familientagebuch hilft, die gemeinsam verbrachten Stunden zu dokumentieren. Von welchen spannenden Abenteuern Sie doch im vorvorletzten Urlaub überrascht wurden! Da war doch diese Irrfahrt mitten in der Nacht, bis der Zeltplatz endlich gefunden war. Ihr kleiner Sohn hat eine Zeichnung gemacht. Mit grossen, noch ungelenken Buchstaben steht darunter: »Wir haben uns verfahren. Eine Frau im Nachthemd zeigt uns den Weg.«

Ein Familientagebuch illustriert auch die nicht gemeinsam verbrachten Stunden. Die Neigungen sind vielfältig, die Pflichten ebenfalls, jeder geht seiner Wege und nimmt am Alltag des andern kaum noch teil.

Ein Familientagebuch könnte die verschiedenen Interessen ein Stück weit zusammenführen. Das, was gerade erlebt wurde, wird in irgendeiner Form festgehalten. Die Eltern schreiben eine Momentaufnahme aus ihrer Arbeitswelt auf. Die Tochter notiert, wie viele Längen Sie heute geschwommen ist, der Sohn klebt einen Sticker aus seinem Fußballklub in das Tagebuch und zählt die Namen der Spieler auf. Selbst der ganz gewöhnliche Alltag besteht aus tausend Möglichkeiten!

Damit das Führen eines Familientagebuchs Spaß macht, empfehle ich, folgende Anregungen zu beherzigen:

- Wählen Sie ein großes Buchformat. Gerade kleinere Kinder brauchen viel Platz zum Gestalten, und die Erwachsenen lernen, großzügig mit einer leeren Seite umzugehen.

- Ein gemeinsames Tagebuch zu führen sollte absolut nichts mit Schule, Leistung und Fleiß zu tun haben. Die Kinder dürfen so viel falsch machen, wie sie wollen, und die Eltern sollten sich in ihrem Eifer zurückhalten, beiläufig noch schnell einen Rechtschreibfehler auszumerzen. Den Kindern könnte sonst die Lust, sich auszudrücken, rasch verlorengehen.

- Grundsätzlich ist jeder Eintrag willkommen. Kleinere Kinder malen vielleicht ein Phantasiemuster oder kleben ein Bild ins Buch, das ihnen gefällt. Es ist wichtig, dass die Eltern sich, was Ästhetik und Schönheit betrifft, zurückhalten. Kreativität kommt vor Schönheit.

- Freuen Sie sich über den natürlichen Schaffensdrang der kleineren Kinder. Wenn sie noch nicht lesen und schreiben können, erfinden Sie gemeinsam eine Zeichensprache. Werden Sie selbst wieder zu jenem Kind, das einst vor Lebendigkeit sprühte.

- Verfassen Sie Ihre Einträge in einer schlichten, einfachen Sprache. Vielleicht denken Sie sich eine Geschichte aus, die Sie abends den Kindern vor dem Einschlafen erzählen?

- Verwenden Sie für Ihr Buch Fotos, Karten, Eintrittstickets, Fahrscheine, Schokoladenpapierchen, gepresste

Blumen, Briefe etc. Leim und Farbstifte sollten stets griffbereit sein.

- Legen Sie Ihr Familientagebuch an einen Ort, wo es für alle sichtbar ist. Ermuntern Sie hin und wieder Ihre Kinder dazu, etwas hineinzuschreiben, aber tun Sie es nicht zu oft. Tagebuch schreiben sollte keine zu erfüllende Hausaufgabe, kein »Muss« sein.

- Ein rundum gestaltetes Familientagebuch – von der ersten bis zur letzten Seite mit Phantasie und Kreativität gespickt –, dies ist doch ein willkommener Anlass für einen gemeinsamen Ausflug in den Zoo oder zur nächsten Eisdiele!

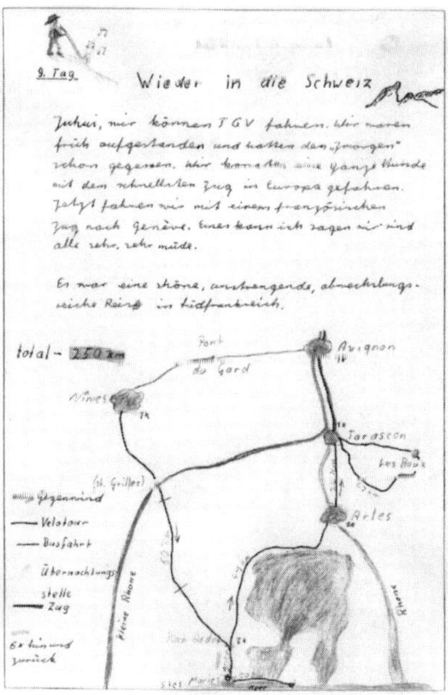

Aus dem Tagebuch meines Sohnes Samuel

2. Methodischer Teil

Solange ein Mensch [in] ein Buch« schreibt,
kann er nicht unglücklich sein.
Jean Paul,
deutscher Dichter, 1763–1825

Stellenwert

Ich habe mir lange überlegt, welchen Stellenwert der methodische Teil in einem Buch über das Tagebuchschreiben einnehmen sollte. Beim Tagebuchschreiben geht es ja in erster Linie um das Aufschreiben von Erlebnissen und Gefühlen aus dem Hier und Jetzt. Welche Form diese Einträge haben, ist zweitrangig. Wichtig ist das spontane, hemmungslose Sich-ausdrücken-Können ohne Zensur im Kopf. Wenn dies gelingt, gelingt alles.

Entsprechend ist der methodische Teil vergleichbar mit der Schlagsahne auf der Nachspeise: gut, aber manchmal überflüssig.

Er wird wahrscheinlich vor allem Tagebuchschreibende interessieren, die schon längere Zeit Tagebuch führen und auf der Suche nach neuen Formen sind. Oder Schreibende, die gerne mit der Sprache experimentieren. Die Gedanken eines hingeworfenen Rohtextes nochmals aufzunehmen und zu versuchen, das Thema von einer anderen Seite her zu beleuchten, um vielleicht so auf neue, ungewohnte Aspekte zu kommen, kann lustvoll sein.

Es ist dann so, wie wenn wir ein Bild nach einer Skizze malen würden. In der Skizze ist zwar schon alles vorhanden, um die Stimmung darin zu erfassen, und man könnte sie in die Skizzenmappe legen. Die Skizze könnte aber auch als

Vorlage zu einem neuen Bild dienen. Und es werden vor allem die Skizzen sein, die inhaltlich etwas hergeben, an denen wir noch dranbleiben möchten.

In diesem Sinne verstehe ich den Methodikteil in diesem Buch: als Anregung zu erproben, was Lust macht, aber niemals die Form vor den Inhalt zu stellen.

Automatisches Schreiben Oder: SOP – Schreiben ohne Pause

»Automatisches Schreiben« ist eine Schreibtechnik mit Tradition. Der Surrealist André Breton hat mit seinen Freunden die »écriture automatique« betrieben. Stundenlang haben sie ohne jede kritische Kontrolle drauflosgeschrieben, was ihnen in den Sinn kam und so Seite um Seite gefüllt. Der Ausdruck »free writing« ist aus der amerikanischen Schreibbewegung in unseren Sprachraum gekommen.

Texte aus automatischen Schreibübungen sind »Rohrohtexte«. Es wird in rascher Folge alles notiert, was uns spontan einfällt. Außer in einer aktiven Meditation ist es uns ja unmöglich, nicht zu denken. Also sollte es uns nicht schwerfallen, einfach das, was uns gerade durch den Kopf geht, aufzuschreiben. Dabei kann auf eine Syntax verzichtet werden. Stil-, Grammatik- und Orthographieprobleme lassen wir beiseite. Einzelne Worte und Gedanken kann man ruhig mehrmals wiederholen. Wichtig ist schnelles, flüssiges Drauflosschreiben, ohne unsere Gedanken zu zensieren. Falsch kann man nichts machen, außer krampfhaft über das nachzudenken, was man meint, unbedingt schreiben zu müssen.

Vielleicht denken Sie jetzt: So habe ich schon immer Tagebuch geschrieben, nur habe ich es nicht als »écriture automatique«, »free writing« oder »SOP« bezeichnet, sondern einfach, drauflosgeschrieben, ohne viel zu denken. Um so besser, wenn Ihnen diese Methode bereits vertraut ist.

Ist Ihnen diese Methode nicht bekannt, dann beginnen Sie am besten Ihr erstes SOP mit dem Wort »ich« und schreiben Sie etwa zehn Minuten lang einen kurzen Text über das, *was gerade jetzt* in Ihnen vorgeht oder um Sie herum geschieht. Schreiben Sie, ohne Ihren Stift anzuhalten; schreiben Sie schnell und zügig, was immer auch an Gedanken und Gefühlen kommt.

Abgesehen davon, dass diese Methode Ihnen den Schrecken vor dem weißen Blatt nimmt, beschert sie immer wieder neue Überraschungen. Frei assoziieren macht Spaß. Spaß zu haben und sich ernsthaft mit etwas zu beschäftigen sollte sich nicht ausschließen. Ein SOP schreiben ist die Spitze eines Eisberges und berührt oft Gedanken, die tief in Ihnen begraben liegen. Den einen oder anderen Gedanken, jetzt noch im Rohtext, können Sie später wieder aufnehmen und weiterspinnen.

Vorgehen und Weiterentwicklung

- Schreiben Sie während ca. zehn Minuten einen »automatischen Text« nach einem selbstgewählten Thema oder einfach wild drauflos. Alles, was Ihnen eben durch den Kopf geht.

- Lesen Sie anschließend Ihren Rohtext nochmals durch. Sie können ihn so stehenlassen oder haben verschiedene Möglichkeiten zur Weiterverarbeitung. Probieren Sie aus, was Ihnen am besten entspricht.

- Geben Sie ihrem Text einen Titel; dies hilft, ihn später wiederzufinden.

- Unterstreichen Sie die wichtigste Aussage Ihres Textes. Sie kann aus einem Wort oder einem ganzen Satz bestehen.

- Fassen Sie Ihren Text in ein bis zwei Sätzen zusammen. Wie lautet seine Kernaussage?

- Benutzen Sie diese Kernaussage als Grundlage für einen weiteren kurzen Text.

- Lesen Sie Ihr SOP nochmals durch, und verfassen Sie ein Gedicht in drei Zeilen. Ein Gedicht ist eine Verdichtung und muss sich nicht reimen (siehe Kapitel »Gedichte« S. 73).

- Unterstreichen Sie aus Ihrem SOP ein Wort, und schreiben Sie ein Elfchen, das mit diesem Wort beginnt. Wie man ein Elfchen schreibt, finden Sie auf S. 77.

- Sie können auch aus dem gewählten Wort ein Akrostichon erstellen (S. 80).

Der Cluster oder das Ideennetz

Der Cluster (frei übersetzt: Ideennetz) ist wahrscheinlich die berühmteste Technik des kreativen Schreibens. Sie wurde von Gabriele L. Rico in ihrem Buch: »Garantiert schreiben lernen« eingeführt und von ihr als ein nicht-lineares Brainstorming-Verfahren bezeichnet, welches der Funktionsweise unseres Gehirns mit seinem bildhaften Denken in hohem Maße entspricht.

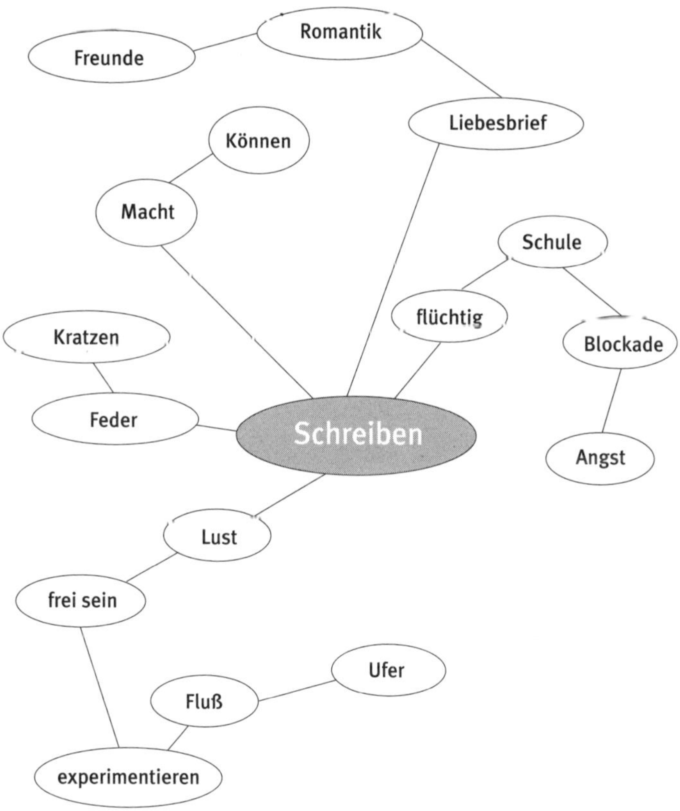

Der Cluster eignet sich nahezu für jede schriftliche Arbeit, ganz besonders aber für freie Texte und Gedichte. Er lässt unserem Gehirn unendlich viel Freiheit, vorausgesetzt, wir stoppen den Schreibfluss nicht und zensieren uns selbst.

Vorgehen

- Schreiben Sie Ihr gewähltes Thema in die Mitte, und kreisen Sie es ein.
- Folgen Sie nun dem Strom Ihrer Gedankenverbindungen, und notieren Sie möglichst rasch Ihre Einfälle, jeden in einen eigenen Kreis, und lassen Sie die Kreise vom Mittelpunkt aus ungehindert in alle Richtungen ausstrahlen.
- Ziehen Sie nach jedem neuen Wort oder jeder neuen Assoziation einen Strich oder Pfeil.
- Fällt Ihnen etwas Neues ein, verbinden Sie dieses Neue direkt mit dem Kern.
- Fällt Ihnen für Augenblicke nichts ein, kreisen Sie die schon geschriebenen Wörter erneut ein. So bleiben Sie im Schreibfluss, bis Ihnen ein neuer Gedanke kommt.
- Schreiben Sie ungefähr fünf Minuten lang Ihre Assoziationen auf, so lange, bis Sie wissen, worüber Sie schreiben möchten.

- Sie müssen nicht alles in Ihrem Text verwenden; wählen Sie aus, und beginnen Sie mit dem Element, das Sie am meisten anregt.

- Es gibt keine falsche Art, einen Cluster zu erstellen. Probieren Sie diese Technik möglichst einige Male aus. Sie wird Ihnen immer wichtiger werden.

Mind-Mapping

Gedanken aller Art, Ideen und Informationen sowie Problemstellungen können mit Hilfe einer Mind-Map festgehalten werden. Sie eignet sich sowohl zur Planung als auch zur Zusammenfassung eines Themas.

Das Erstellen einer Mind-Map ist einfach. Man schreibt – wie beim Cluster – das Thema in die Mitte eines Blattes und stelle sich dabei den Querschnitt eines Baumstamms vor. Die Mind-Map erinnert an einen Baum von oben gesehen. Von allen Seiten werden auf das Zentrum hin farbige Äste gezeichnet, die einen Gesichtspunkt des Themas versinnbildlichen. Von diesen Ästen aus zeichnen wir Nebenäste, und diese wiederum können weitere Ästchen haben. So werden die verschiedenen Aspekte des Themas nach und nach ausgebaut und erweitert. Je weiter sich die Verzweigungen vom Mittelpunkt entfernen, desto mehr entwickelt sich die Begriffswelt vom Allgemeinen zum Speziellen.

Eine Mind-Map ist strukturierter als ein Cluster, lässt aber Platz für Assoziationen jeglicher Art. Wir denken meistens nicht in komplexen Formulierungen, sondern in Stichpunkten und assoziierten Bildern. An diesen Schlagworten können wir nun ständig weiterschreiben.

Um Spaß am Anfertigen von Mind-Maps zu bekommen, sollte man es öfters ausprobieren, und zwar nicht nur allein, sondern gelegentlich auch zu zweit oder zu mehreren.

Vorgehen

Im Mittelpunkt des Blattes steht das Thema. Es wird mit einem Kreis umschlossen. Die Verzweigungen, die sich über das ganze Blatt ausbreiten, gliedern die einzelnen Bereiche des Themas. Sie bestehen aus: Hauptast, Zweigen und Nebenzweigen. Die Verzweigungen können jeweils eine andere Farbe haben. Hauptast, Zweige und Nebenzweige werden mit Blockbuchstaben angeschrieben. Möglichst nur Substantive verwenden. Die Mind-Map kann mit Skizzen und Bildern ergänzt werden.

Verwendung

Für kleinste Alltagsbegebenheiten bis zu komplexen Projekten. Vom Planen eines Hauses bis zum Organisieren von Geburtstagseinladungen, zu Ferienvorbereitungen, gemeinsamen Aktivitäten usw.

Mind-Maps verschaffen Überblick, helfen bei der Entwicklung von Lösungen und fördern verborgene Ideen zutage.

Gedichte

Schläft ein Lied in allen Dingen
Die da träumen fort und fort,
Und die Welt hebt an zu singen,
Triffst du nur das Zauberwort.
EICHENDORFF

Ein Gedicht ist – einfach ausgedrückt – eine Verdichtung auf das Wesentliche. Freie Gedichte reimen sich nicht. Sie leben von der Beobachtung, von der Überraschung, von Gefühlsstimmungen, vom Rhythmus und Klangmuster und vom Wiederaufnehmen wichtiger Worte und Gedanken. Einzelne Verse können verkürzt oder verlängert werden. In einem Gedicht ist kein Wort zuviel. Wir sind eingeladen, zwischen den Zeilen zu lesen und die Zwischenräume auszufüllen.

Gedichte können analysieren, locken, warnen, anklagen, preisen, fragen, schmeicheln, übertreiben und jubeln. In einem Gedicht sind immer verborgene Bilder versteckt. Sie appellieren an unsere Sinne und regen unsere Sprach- und Textlust an.

Wenn Sie es nicht gewohnt sind, Gedichte zu schreiben, wenn Sie auf Metrik und Versmaß verzichten wollen, dann versuchen Sie sich an einem der untenstehenden Gedichtformen. Viele Tagebuchthemen eignen sich dafür, lyrisch angepackt zu werden. Schreiben Sie zuerst einen Text über das, was für Sie im Augenblick wichtig ist. Versuchen Sie anschließend, diesen Text zu komprimieren, indem Sie die wesentlichen Gedanken zusammenfassen. Spielen Sie mit einzelnen Worten, Sie können nichts falsch machen. Auf diese Weise kann sich Ihre schöpferische Seite voll entfalten. Lesen Sie Ihr

Gedicht anschließend laut vor, und freuen Sie sich über Ihr Werk.

Einige nachstehend vorgestellte Gedichtformen haben eine festgelegte Struktur – Haikus, zum Beispiel, deren Silbenzahl genau vorgegeben ist. Andere, vor allem Listengedichte, wie die Beispiele von Bert Brecht und August Stramm, leben von einzelnen Worten. Sie sind freier. Jedes einzelne Wort in diesem durch und durch schlichten Gedicht ist von Bedeutung, weil keines zuviel ist. Es lädt uns ein, zwischen den Zeilen zu lesen.

Die Beispiele sollen Sie nun keineswegs abschrecken, ein Gedicht mit Ihren eigenen Worten zu verfassen. Es dreht sich ja nicht darum, dass Sie eine Lyrikerin werden, sondern es geht um das Ausdrücken von Stimmungen an sich. In Gedichtform bestimmte Gefühle und Erlebnisse wiederzugeben ist besonders kreativ. Es handelt sich dabei darum, zum Wesen einer Sache, zum Kern, zum Allerheiligsten – oder wie Sie es nennen wollen – vorzudringen und ihn oder es zu erfassen.

Versuchen Sie deshalb immer wieder, einen längeren Text, der Sie vom Inhalt her beschäftigt, nochmals durchzulesen und den Kern herauszuschälen, indem Sie daraus zum Beispiel ein dreizeiliges ungereimtes Gedicht schreiben.

Sprachfetzen- oder Listengedichte

Dieses freie Gedicht lebt von einzelnen Worten, von langen und kurzen Zeilen, von Überraschungen. Verben kommen nur spärlich vor. Vollständige Sätze fehlen fast ganz.

Die Zeitung
Der Hund
Die Dialektik
Duschen, Schwimmen
Alte Musik

BERT BRECHT aus »Vergnügungen«

Droben schmettert ein greller Stein
Nacht grant Glas
Die Zeiten stehn
Ich
Steine.
Weit
Glast
Du!

AUGUST STRAMM »Verzweifelt«

Gedichte, die von einem einzelnen Wort ausgehen

Vielleicht haben Sie einen Text über ein bestimmtes Sujet geschrieben und merken jetzt, dass das eigentliche Thema ein anderes ist. Nehmen sie dieses Thema zum Anlass für ein Gedicht. Wiederholen Sie dabei ruhig Worte, die Ihnen wichtig sind. Ein weiteres Beispiel von Christin Gisler kann Anregung bieten:

Träumen ist

verarbeiten
verdauen
ausscheiden
ist
kämpfen
rennen
sterben
ist
sehnen
lieben
aufhören

Träumen ist

erfahren
lernen
bekennen
ist
wachsen
ruhen
heilen

Gedichte mit wiederholendem Charakter

Das Wiederaufnehmen von einzelnen Worten, Gedanken und Sätzen ist ein wirkungsvolles Stilmittel, um etwas Wichtiges zu betonen. Schreiben Sie wiederum einen freien Text, unterstreichen Sie den für Sie entscheidenden Leitgedanken, und verwenden Sie ihn als Refrain für Ihr Gedicht.

gestern – heute – morgen

gestern sagte ich ja und meinte nein
heute zögere ich mit der Antwort
morgen sage ich nein.

gestern wollte ich dabei sein
heute möchte ich bei dir sein
morgen werde ich bei mir sein.

gestern spürte ich Widerstand
heute spüre ich Unruhe
morgen spüre ich die gelebten Jahre.

gestern schaute ich um mich
heute schaue ich in mich
morgen schaue ich hinter mich.

Drei-Zeilen-Gedichte

Verdichten Sie eine Tagebuchbetrachtung, einen Text über ein Erlebnis oder eine Beobachtung, indem Sie den Kern Ihrer Aussage in einem Drei-Zeilen-Gedicht darstellen.

»Die Kraft des positiven Denkens«
Das Buch ist zerlesen und abgenutzt.
Für meinen Vater die Bibel.

Elfchen

Elfchen sind kurze Gedichte aus elf Wörtern, verteilt auf fünf Zeilen. Die erste Zeile besteht aus einem Wort, die zweite aus zweien, die dritte aus dreien, die vierte Zeile aus vier Wörtern und die letzte Zeile wieder aus einem Wort. Zusammen sind das die elf Wörter des Elfchens.

Lesen Sie einen Tagebuchtext durch, und verdichten Sie ihn zu einem Elfchen.

Licht
am Morgen
der Baum erwacht
Vögel singen ihr Lied
Begrüßung

Sterne
am Himmel
werfen ihr Licht
Augen suchen den Weg
Hoffnung

beide Elfchen von Christin Gisler

Haikus

Das Haiku ist eine japanische Gedichtform und besteht aus siebzehn Silben. Es sind kurze Momentaufnahmen, die die jeweilige Stimmung in wenigen Worten festhalten.

Das Haiku wird seit rund 1000 Jahren in Japan gepflegt. Heute gibt es dort rund fünfzig Haiku-Zeitschriften, die pro Jahr vielleicht eine Million Haikus veröffentlichen.

Das Haiku besteht aus drei Zeilen. Die erste und dritte Zeile bestehen aus fünf, die zweite aus sieben Silben.

Stecken Sie Ihr Tagebuch in den Rucksack, schlendern Sie durch die Gegend, beobachten Sie die Natur, und schreiben Sie Haikus. Oder schauen Sie aus dem Fenster. Was für eine Stimmung schlägt Ihnen entgegen?

Der Wind

Sanft umweht er mich.
Ich spüre seinen Hauch wie
Atem auf der Haut.

Bashô

Oben

Berge bestimmen
Wie weit, wie tief das Tal ist
Und niemand zweifelt.

R. M. D.

Kalt ist das Wetter.
Windröschen, Veilchen zittern.
Nun duftet endlich!

U. Becker

Der Schneeball

Der Schneeball gehört zu den Schreibtechniken, die visuell ansprechen: Wir können mit Farben arbeiten. Auch der Schneeball ist eine Verdichtung auf Wesentliches. In einen Kreis schreibt man in die erste Zeile ein Wort, in die zweite Zeile zwei Wörter, in die dritte Zeile drei Wörter usw. Die Mitte des Schneeballs enthält die meisten Wörter (vier bis sieben). Das ist der anwachsende Schneeball. Dann verringert man ihn wieder Wort um Wort, bis unten nur noch ein Wort übrigbleibt. Das Anfangswort ist meistens der Auftakt zum Thema, das Schlusswort sollte eine gewisse Ausdruckskraft haben.

Tagebuchschreiben
farbiger Einband
leere erste Seiten
warten auf meinen Eintrag
die erste Zeile
schreibe ich
jetzt

Das Akrostichon

Beim Akrostichon (griech. akron: Spitze und stichos: Vers) bilden die Anfangsbuchstaben aufeinanderfolgender Wörter oder Sätze einen Namen.

Das Akrostichon ist schon im Altertum bekannt; es hatte ursprünglich eine magische Funktion. Schreiben Sie Ihren oder einen anderen Namen senkrecht mit großen (farbigen) Buchstaben auf ein Blatt. Was kommen Ihnen zu diesem Namen für Worte in den Sinn? Was wissen Sie über seine Bedeutung? Welche Beziehung haben Sie zu der Person, die diesen Namen trägt? Geeignet sind auch Substantive, die Symbolcharakter haben, oder die vier Jahreszeiten, die vier Elemente usw. Im Prinzip können Sie jedes Wort oder sogar einen ganzen Satz verwenden.

Geistig wach – sie will es bleiben
Immer neugierig
Sorgfältig, doch nicht sorglos
Entschlussfreudig
Lacht gern und viel
Achtfache Großmutter

Allemal wichtig
Ruhestörend
Bedingt Gesundheit
Endet selten zu früh
Ist Glück und Unglück
Täglich neu

Das Abc-Darium

Das Abc-Darium ist ein Spiel, das in seinen Anfangszeilen den Buchstaben des Alphabets von A bis Z folgt. Bekannt sind diese Spiele als Kinderreime, zum Beispiel: »ABC, die Katze lief im Schnee …«

Schreiben Sie das Alphabet mit großen Buchstaben untereinander, und setzen Sie dann Wörter oder Sätze ein, die zu dem gewählten Thema passen:

Was mir in meinem Leben wichtig ist

Arbeit, die mir gefällt
Bücher lesen, **B**ehaglichkeit
Charme
Die Leichtigkeit des Seins
Einfachheit im Tun
Friede, **F**reunde, **F**reude
Geborgenheit
Humor
Innere Ruhe
Jonas, mein Sohn

Klugheit
Liebe, **L**achen und **L**ust, Neues zu entdecken
und weiter:
Muße haben
Nachtessen für Freunde zubereiten
Offene Begegnungen
Persönliche Post
Querfeldein, Spaziergänge ohne Ziel
Reiseeindrücke verarbeiten
Samuel, mein Sohn
Tiefe in der Beziehung
Und immer wieder neu beginnen
Vertrauen, vorsichtig und behutsam aufgebaut
Weitsicht, **W**ein und das **W**under des Lebens
X-fach wünsche ich Gesundheit
Yin und **Y**ang
Zärtlichkeit, zündende Ideen, **Z**iele haben

Collagen

Eine Collage (frz. coller: kleben) ist ein Text, der aus Zitaten und Textfragmenten, Worten und Bildern besteht. Das Material wird – nach einem gewählten Thema – zusammengesucht und auf Papier geklebt. Entwickelt hat sich diese Technik aus den Klebebildern der Dadaisten, die vorfabriziertes Material (z. B. Fahrscheine) ungewohnt kombinierten und so verfremdeten.

Wählen Sie ein Thema aus. Suchen Sie in Zeitungen und

Zeitschriften nach Worten, Bildern, Titeln, schneiden Sie sie aus, und kleben Sie sie in Ihr Tagebuch. Sie müssen nicht den ganzen Text aus Fremdmaterial zusammensetzen, sondern können eigene Wörter und Symbole verwenden. Das gibt Ihrem Text noch mehr Spannung.

Christin Gisler

Die Zwei-Spalten-Technik

Die Zwei-Spalten-Methode ist ideal, wenn wir unsere Einstellung zu einer Frage oder zu einem Problem überprüfen möchten, wenn wir unsicher sind, ob wir uns für das eine oder das andere entscheiden sollen.

Die Zwei-Spalten-Methode können wir aber auch anwenden, um Tatsachen und Gefühle oder Beobachtungen und Interpretationen auseinanderzuhalten.

Das Vorgehen ist einfach. Wir ziehen in der Mitte des Blattes einen Strich, so dass zwei Kolonnen entstehen. Je nachdem, um was es geht, wählen wir als Titel pro/contra oder Tatsachen/Gefühle, Beobachtungen/Interpretationen.

Dialoge

Der Dialog (griech.) ist eine von zwei oder mehreren Personen abwechselnd geführte Rede und Gegenrede oder ein Zwiegespräch.

Wählen Sie aus, mit wem oder was Sie in einen Dialog, in ein Zwiegespräch treten möchten. Ist es ein Teil von Ihnen (ein Körperteil oder eine Charaktereigenschaft) oder eine Person oder ein Gegenstand? Es gibt unzählig viele Möglichkeiten, einen Dialog zu führen. Wenn es sich um einen inneren Dialog handelt, spalten wir uns auf und sind letztlich doch wir selbst. In einem solchen Dialog übernehmen Sie abwechselnd den einen und den anderen Part. Manchmal sind es zwei Gegenspieler, die sich gegenseitig von ihren

Ansichten überzeugen wollen. So lernen Sie viel über sich selbst und über die Kunst des Streitgesprächs.

Jedes Schreiben schließt den Dialog mit ein: den Schreibenden und den Lesenden, den Fragenden und den Antwortenden. Jede Tagebucheintragung ist die Antwort auf eine Frage, auch wenn es nur ein vages »Was denkst du darüber?« ist oder ein »Was geschieht jetzt eigentlich?«.

Ich – die Linienbewusste – und die Schlemmerin in mir

Iss sie doch, jetzt sind sie ofenfrisch, zudem gesund, mit dem Biodinkelmehl, dem Rohrohrzucker und den Bio-bio-was-weiß-ich-was-für-Zutaten. Genieße sie. Wie lange hast du an ihnen herumgeknetet?

Lange, zu lange, trotzdem will ich heute zwischen Mittag- und Abendessen eine Pause einlegen. Letzte Woche habe ich schon wieder ein Kilo zugenommen. Das geht einfach nicht so weiter.

Du bist immer noch nicht dick. Genieße doch wenigstens ein bisschen das Leben, indem du das isst, was dir schmeckt. Wann und wo und wieviel, ist doch egal. Wir leben nur einmal, werden alle einmal alt, ein Kilo mehr oder weniger, was soll das ganze Theater …

Täglich sehe ich junge Frauen, schlank, weiblich, apart gekleidet. Ich sehe sie im Zug, in der Schule, in den Zeitschriften. Ich möchte auch so aussehen. Ich möchte wieder einmal ein enganliegendes Kleid anziehen können.

Hast du ja – vor dreißig Jahren. Erinnerst du dich noch?

Eben nicht. Da nahm ich mich nicht als attraktive Frau wahr, obwohl ich schön war, genauso schlank, weiblich und apart wie die jungen Frauen, die ich auf der Straße sehe. Siehst du, du bist noch nicht viel weitergekommen. Schau in den Spiegel, und gefalle dir so, wie du bist. Ob du nun einige Kekse mehr oder weniger isst, was soll's. Genieße sie, lach dir dabei zu, und freue dich über deine Körperformen.

3. Praktischer Teil

Es schreibt keiner wie Gott,
der nicht gelitten hat wie ein Hund.
Marie von Ebner-Eschenbach

Tagebuchschreiben im Hier und Jetzt

Es glänzt ein Tropfen Morgentau
im Strahl des Sonnenlichts
Ein Tag kann eine Perle sein
und ein Jahrhundert nichts.
GOTTFRIED KELLER

Ein Tag wie jeder andere, grau, alltäglich, banal. So empfindet Inge und schaut lustlos aus dem Fenster auf die Straße. Ein solcher Tag gibt nichts her für ihr Tagebuch, meint sie, da müssten schon Farbtupfer hinein. Doch woher nehmen?

Der Alltag ist manchmal wie eine unscheinbare Butterblume, welche unter Tausenden auf der Wiese blüht. Niemand beachtet sie. Und doch: Würden wir eine davon unter dem Vergrößerungsglas beobachten, wären wir erstaunt über das zarte, feine Innenleben. Im Hahnenfußgelb entdeckten wir beispielsweise an einzelnen Blütenblättern orange Farbnuancen. Das Beobachten einer kleinen Mücke, wie sie sich zwischen den Staubblättchen hin und her bewegte, faszinierte uns. Und plötzlich wäre so ein gemeiner Hahnenfuß *der* blühende Hahnenfuß schlechthin.

Im Tagebuch haben darum gerade die Kleinigkeiten Platz – die kleinen Entdeckungen, Freuden, Fehlschläge jedes einzelnen Tages. Von ihnen lernen wir viel über uns selbst. Durch das bewusste Erleben finden wir heraus, dass unser

Leben viel reicher ist, als wir vermutet haben. Es geht also nicht darum, dass wir mehr erleben, sondern, wie Marie von Ebner-Eschenbach sagt: »Nicht was wir erleben, sondern was wir empfinden, was wir erleben, macht unser Leben aus.« Es geht also um das Durchdringen des Erlebten, um das Empfinden dessen, was wir erleben.

In diesem Kapitel lade ich Sie ein, Ihren Alltag von verschiedenen Seiten her zu beleuchten. Betrachten Sie einen gewöhnlichen Tag genau, mit Liebe zum Detail. Sie werden staunen, wie er sich in einen einzigartigen Tag verwandelt, an dem Sie nicht gelebt werden, sondern leben. Er wird zu einem spannenden, interessanten Tag mit überraschenden Seiten. Viel Vergnügen beim Auswählen der wesentlichen Dinge und Ereignisse und ihrer »Verarbeitung« im Tagebuch.

Morgenthemen

Ein neuer Tag
Verwaiste Träume
Verhindertes Leben
Das war gestern
Heute beginne
ein neuer Tag
ANTJE-SABINE NAEGELI

Schön, dass Sie sich Zeit nehmen und die Morgendämmerung und die ersten Stunden des Tages nicht einfach so an sich vorbeiziehen lassen. Der Morgen hat eine besondere Qualität. Er ist ein Neubeginn, trotz Sorgen, ungelösten Fragen, die Sie möglicherweise mitschleppen.

Nützen Sie diese besondere Atmosphäre zum Schreiben

und gleichzeitig zum Offen-Werden für die kommenden Stunden, denn oft ist der Tagesanfang die Weichenstellung für den Rest des Tages.

Aufwachen und dann?

Wie sahen die ersten zehn Minuten des heutigen Tages aus? Haben Sie ein Aufwachritual? Und wenn ja, wie läuft es ab? Ein Ritual ist eine Handlung, die wir bewusst regelmäßig wiederholen, weil sie uns guttut.

Schreiben Sie ein SOP (S. 66), und rahmen Sie anschließend die wichtigste Aussage Ihres Textes farbig ein. Wenn Sie weiterschreiben möchten, nehmen Sie diese Aussage als Titel und schreiben Sie darunter einen neuen Text.

»Mein Tag beginnt früh …«

Lesen Sie die folgenden Texte. Unterstreichen Sie ein Wort oder eine Aussage. Nehmen Sie dieses Wort oder diese Aussage als Titel, und schreiben Sie mit eigenen Worten, was Ihnen dazu einfällt.

»Mein Tag beginnt früh, er beginnt still und gesammelt, er verspricht viel, er verspricht Stille und Sammlung für die Zeit seiner Dauer; ich weiß, dass er sein Versprechen nicht halten kann, nicht halten will, und doch vertraue ich ihm, weil ich vertrauen will. LUISE RINSER aus: »Septembertag«

»Sommer, aber ein jüngerer Sommer als dieser; ein Sommer an Jahren noch gleichaltrig mit mir, war damals. Ich war zwar dennoch nicht froh, nicht von Grund auf froh, aber ich musste es sein in der Art, wie es alle sind. Die Sonne zündete mich an. Sie labte sich an dem grünen Kogel, auf dem ich saß, einem Kogel, der beinah eine heilige Form hatte, und auf den ich micht geflüchtet hatte vor dem Staube der Landstraße. Denn ich war müde, weil ich allein war. Diese lange Landstraße vor und hinter mir … Ihr konnten die Schleifen, die sie zog um diesen Kogel, ihr konnten die Pappeln nicht, ihr konnte der Himmel selbst nicht ihre Kläglichkeit nehmen.«

Regina Ullmann (Beginn der Erzählung »Die Landstraße«)

Sonntagmorgen

Heute hat Sie wahrscheinlich kein Wecker aufgeschreckt. Sie haben Zeit. Öffnen Sie das Fenster, schauen Sie hinaus, und nehmen Sie die Stimmung wahr. Wie fühlt sich die Luft an? Was für Geräusche dringen an Ihr Ohr? Was sehen Sie? Was empfinden Sie? Lassen Sie sich nicht hetzen, und schreiben Sie aus dieser Atmosphäre heraus ein Haiku (S. 78).

Lesen Sie die Gedichtzeilen von Bert Brecht und August Stramm (S. 75). Inspirieren diese Sie nicht gleich zu einem eigenen Gedicht? Versuchen Sie, Ihren Sonntagmorgen mit wenigen Worten einzufangen.

Ich fühle mich heute wie …

Manchmal ist es einfacher, unser Befinden in einem Bild, in einem Symbol auszudrücken. Mit Bildern können wir gefühlsmäßig eher das wiedergeben, was wir empfinden.

Wie geht es Ihnen heute? Ziehen Sie einen Vergleich, und malen Sie, wenn Sie Lust haben, ein farbiges, möglichst großflächiges Bild dazu.

Ich fühle mich heute wie ein Schaf unter Hunderten von Schafen, weiß und satt.

Mir geht es heute wie einem Schüler, der in der Mathe-Prüfung eine Drei erhielt.

Die Frage des Tages

Die richtige Frage im richtigen Augenblick zu stellen – das ist Lebenskunst.

Was für eine Frage stellen Sie sich heute? Und haben Sie eine oder sogar mehrere Antworten dazu? Unterstreichen Sie anschließend das wichtigste Wort, das am treffendsten den Kern Ihrer Frage trifft. In einem zweiten Schritt können Sie selbst ein Gedicht schreiben, das von diesem Begriff ausgeht (S. 75).

Träume

Erinnern Sie sich daran, was Sie letzte Nacht geträumt haben? Auch wenn nur ein Traumfetzen übriggeblieben ist – schreiben Sie ihn auf. Das Erinnerungsvermögen an Ihre Träume können Sie schulen, indem Sie Ihr Tagebuch mitsamt einem Schreibstift abends neben Ihr Bett legen und sich folgende Affirmation vorsagen: »Heute nacht träume ich.« Dies aktiviert Ihr Unterbewusstsein, und Sie erinnern sich so viel besser an Ihre Träume.

Oft verstehen wir unsere Träume nicht. Interpretieren Sie deshalb nicht, sondern schreiben Sie einfach Ihre Traumbilder und -handlungen auf, vor allem, welche Gefühle Sie dabei empfunden haben. Später – mit etwas Abstand – wird ein verschlüsselter oft zu einem entschlüsselten Traum.

Sinnlich wahrnehmen

Was nehmen Sie gerade jetzt wahr? Was spüren Sie? Was beobachten Sie? Was hören Sie?

Was riechen Sie?

Versuchen Sie, verschiedene Beobachtungen in ein, höchstens zwei Sätzen auf eine möglichst sachliche Art festzuhalten:

Das Ticken des Sekundenzeigers der Wanduhr in der Küche übertönt alle anderen Geräusche in der Wohnung. Wie viele Sekunden lebe ich wohl noch?

Jetzt, wo ich endlich meinen Körper wahrnehme, spüre ich einen kleinen Hunger. Es ist der Hunger einer Satten.

Ich blicke auf das Nachbarfenster gegenüber und kann mich später nicht mehr an das Gesicht hinter dem Fenster erinnern.

Wenn jetzt das Telefon klingelte, wäre dies ein weiteres Zeichen, dass ich nicht ganz allein bin, und doch gleichzeitig auch eine Störung.

Tagesthemen

Der Tag war randvoll ausgebucht. Das Telefon schrillte zehnmal, und der Stau auf der Straße spannte Ihre Nerven fast bis zum Zerreißen an. Wenig später kam Ihre Tochter mit aufgeschlagenen Knien weinend von der Schule heim. Zwischendurch schauten Sie kurz aus dem Fenster und freuten sich am strahlenden Himmel, bis Sie vom Postboten mit unangenehmer Post überrascht wurden.

Oder:
Sie hatten einen ruhigen Tag mit wenig Ablenkung und ohne Aufregung. Sie taten das, was man eben täglich so tut; Sie machten Ihr Tagewerk nicht gerade lustlos, aber auch nicht lustvoll. Am Abend sind Sie ein bisschen nachdenklich und überlegen sich, wie Sie Ihren Alltag verändern könnten, damit er etwas spannender werden könnte.

Ob Sie heute hastig durch den Tag gerast sind oder eher träge auf den Abend gewartet haben – Sie können in beiden Fällen mit Ihren Eindrücken viele Seiten in Ihrem Tagebuch füllen. Äußere Aktionen bedingen äußere Erlebnisse, ein ruhiger Tag ist eine gute Voraussetzung, um zu inneren Erkenntnissen zu kommen. Schließlich denken und handeln wir den ganzen Tag. »Das sind alles Banalitäten«, denken Sie jetzt vielleicht. Ja, das stimmt. Doch um genau diese Banalitäten geht es doch im Leben.

Überlegen Sie, was Sie heute an diesem ganz gewöhnlichen Tag gedacht, empfunden, erlebt haben, und notieren Sie Ihre Sinneswahrnehmungen in Ihrem Tagebuch. Die folgenden Anregungen helfen Ihnen, die Tagesbilanz zu ziehen.

Überraschung gelungen? Neues ausprobiert?

Haben Sie heute jemanden überrascht? Hat Sie jemand verblüfft? Taten Sie etwas auf eine andere Weise als sonst? Wurden Sie durch unkonventionelle Gedanken in Erstaunen versetzt? Haben Sie in einer Situation anders entschieden, als Sie es gewohnt sind? Vielleicht einen Gegenstand an einen anderen Ort hingestellt, kulinarisch etwas Neues ausprobiert, die Mittagspause anders verbracht, auf eine Provokation der Kinder oder Ihres Chefs anders als gewohnt reagiert?

Schreiben Sie über einen Zeitraum von 10 Minuten Ihre Erinnerungen auf, ohne chronologisch vorzugehen. Was Ihnen zuerst einfällt, kommt zuerst. Wählen Sie eine Erinnerung aus, und schreiben Sie darüber einen kurzen Text.

Die Idee des Tages

Gehören Sie zu den Menschen, die vor Ideen nur so sprühen? Plötzlich schießt Ihnen ein phantastischer Einfall durch den Kopf. Nur – leider ist er im nächsten Moment schon wieder weg. Erinnern Sie sich an eine gute Idee, die Sie heute beflügelt hat? Und wie stehen die Chancen, sie in die Tat umzusetzen? Erstellen Sie einen Cluster über Ihre Idee. Was für Assoziationen kommen Ihnen in den Sinn? Schreiben Sie einen kurzen Text über die Idee des Tages.

Das »Phänomen Stress« (Frederic Vester)

Auch wenn Sie versuchen sollten, dieses Modewort zu meiden, fühlen Sie sich vielleicht trotzdem hin und wieder gestresst. Wie gelassen oder unruhig erlebten Sie den heutigen Tag?

Den negativen, schädlichen, lebenzerstörenden Stress nennt man Distress, den positiven, vitalisierenden, lebensnotwendigen Stress Eustress. Distress bringt Leid, Eustress Freude in unser Leben. Eine freudige Überraschung bezeichnen wir als Eustress; auch Lampenfieber gehört dazu, sofern es nicht überhandnimmt. Unter Distress hingegen fallen Ärger, Angst, Blockaden usw. Versuchen Sie herauszufinden, wie Sie heute mit Stress umgegangen sind, und schreiben Sie darüber einen kurzen Text.

Was du heute kannst besorgen, das verschiebe nicht auf morgen

Wie stehen Sie zu diesem Sprichwort? Haben Sie sich heute daran gehalten? Oder schoben Sie Unerledigtes gelassen beiseite? Doch nun einmal umgekehrt: Ist Ihnen noch im Bewusstsein, was Sie im Laufe des Tages erledigt haben?

Machen Sie eine Liste von all den Aufgaben, die Sie heute bewältigt haben. Bei jeder getanen Arbeit haben Sie nun die Möglichkeit zu notieren, wie es Ihnen ergangen ist. Falls Sie sich einen »blauen Tag« gegönnt haben, schreiben Sie Ihre Beobachtungen ebenfalls auf. Vielleicht haben Sie sogar Lust, das Sprichwort zu ändern?

Der heutige Lichtblick

Diese Lichtblicke sind manchmal so kurz wie Blitze am Himmel. Sie können aus einem Telefongespräch bestehen, im Betrachten einer blühenden Linde oder im Finden eines Gegenstandes, den Sie schon lange gesucht haben. Beschreiben Sie einen solchen Lichtblick, und verewigen Sie ihn in einem dreizeiligen Gedicht.

Was für Gefühle hatten Sie heute?

Versuchen Sie, mit Ihrem Tag Kontakt aufzunehmen, und schreiben Sie zu jedem empfundenen Gefühl einen Satz.

Liebe:	Hans und ich haben uns heute beim Anstoßen tief in die Augen gesehen.
Ärger:	Die Excel-Listen im Computer sind verschwunden.
Angst:	Bei diesem Schneegestöber in die Stadt zu fahren … Ich schaff's nicht.
Trauer:	Susanne hat mir endgültig den Rücken gekehrt.
Freude:	Ich habe genau den richtigen Pullover gekauft.
Langeweile:	Generalversammlung, 18.00 h. Noch eine ganze Stunde durchhalten.

Was haben Sie heute erlebt?

Schreiben Sie spontan in einzelnen Sätzen auf, was Sie heute erlebt haben. Die Sätze müssen nicht chronologisch geordnet sein. Schreiben Sie einfach, was Ihnen als erstes in den Sinn kommt. Die Wichtigkeit spielt keine Rolle. Machen Sie drei Kolonnen. Links halten Sie die Begebenheit fest, in der Mitte Ihr Gefühl dazu, und rechts schreiben Sie die Gedanken nieder, die Sie sich zu diesem Ereignis gemacht haben:

Fakten	**Gefühl**	**Gedanke**
Anruf von Ludwig. Er hat sein Haus verkauft.	Ich freue mich für ihn.	Wenn es kein Telefon gäbe, wäre unser Leben ärmer.
Petra zeigt mir ein paar lustige Internet-Seiten.	Freude, Leichtigkeit, Lachen	Wie wird es wohl nächste Woche sein, wenn sie verreist ist?

Wie bringe ich meine Dankbarkeit zum Ausdruck?

Was war heute gut? Wofür sind Sie dankbar? Mit diesem Tagebucheintrag schärfen Sie den Blick für den Reichtum Ihres Lebens. Suchen Sie mindestens fünf Situationen, für die Sie dankbar sind. Es können »Großereignisse«aber auch Details sein.

Alltagserlebnisse

Was war heute schön, langweilig, lustig, traurig, unangenehm, peinlich?

Wie war das Wetter? Wen haben Sie getroffen? Schreiben Sie mit Buntstift ein Abc-Darium (S. 81), und füllen Sie jeden Buchstaben mit einem oder mehreren Eindrücken aus. Das kann manchmal nur ein einzelnes Wort sein oder aber ein ganzer Satz. Das Erstellen eines Akrostichons verhilft spielerisch und gleichzeitig genau zu einem guten Überblick über den beschriebenen Tag.

Dinge, die Sie heute nicht beachtet haben

Gehen Sie zurück zum Anfang dieses Tages, und konzentrieren Sie sich auf all die Dinge, die Sie heute übersehen haben, denen Sie keine Aufmerksamkeit geschenkt haben. Auf diese Weise können Sie nachvollziehen, was Sie zwar gesehen, aber nicht beachtet haben. Manchmal sind es wichtige Dinge, die wir in unserem Leben ignorieren:

> Ich vergaß heute morgen meinen Nachbarn zu grüßen.
> Ich habe heute morgen das Frühstück nicht genossen.
> Ich habe die Blumen auf dem Balkon übersehen.
> Ich habe mich nicht über meine freie Zeit gefreut.

Sich täglich verlieben

Um uns lebendig zu fühlen, brauchen wir einen gewissen Enthusiasmus, eine Faszination für Menschen, Orte, Begebenheiten. Diese Haltung hilft uns, offen zu werden.

Verlieben Sie sich mindestens einmal am Tag. Verlieben Sie sich in einen Baum, in eine besondere Wildblume, in eine Komposition von Mozart, in ein kleines Kind, das hingebungsvoll spielt, in das Lächeln Ihres Partners …

Schreiben Sie darüber einen Text und ein kurzes, dreizeiliges Gedicht (S. 77).

Das Gewitter

Die Buche vor dem Fenster windet sich vor Nässe,
und der Wind pfeift durch die Äste.
Ich aber genieße die Wärme meiner Seidendecke.

Tagesrückblick für Eilige

Sie möchten den Tag gefühlsmäßig festhalten, haben aber keine Zeit für einen seitenlangen Text. Schreiben Sie einen einzigen Satz, eine Methaper oder einen bildhaften Vergleich. Metaphern und Vergleiche sagen viel über die Stimmung in einer Situation aus.

Ich habe mich heute wie eine tote Fliege gefühlt.
Ich habe wie ein Tier gearbeitet, ohne auszusetzen, bis mich der Hunger dazu zwang.
Ich habe mich heute morgen wie eine geknickte Rose gefühlt, bis Susanne mir einen Stab gab.

Wem habe ich heute guten Tag gesagt?

Der Nachbarin, dem Nachbarn? Einem Kollegen am Arbeitsplatz? Einem Freund am Telefon? Mit »guten Tag sagen« meine ich das bewusste Wahrnehmen des Gegenübers. Schreiben Sie Ihre Gedanken dazu auf.

Sorgenkiller

Manchmal verhindern auch kleine Sorgen das Einschlafen. Wenn Sie sich vor dem Schlafengehen mit Sorgen quälen, schreiben Sie diese in Ihr Buch. Vielleicht finden Sie sofort eine Lösung, oder vertagen Sie sie für unbestimmte Zeit. Aufgeschrieben sind sie jedenfalls, und das hilft meistens, die Schlaflosigkeit zu überwinden.

Meine Eigenart erkennen – meine Identität stärken

Wir sollten uns selbst
als ein Land ansehen,
in dem es immer unerforschte Gebiete
und unausgelotete Meerestiefen
geben wird.
Wer bin ich?
Mehr, als ich je wissen werde.

Sam Keen

Sam Keen lädt uns ein, neugierig auf uns selbst zu sein, uns zu erforschen, nach innen zu schauen, uns mit uns selbst zu beschäftigen. Das hat nichts mit Egozentrik oder Egoismus zu tun. Das eigene Ich auf dem Weg zur Selbstwerdung immer besser kennenzulernen oder uns von einer neuen Seite zu entdecken, gibt uns Anregungen und Impulse für unser geistiges Wachstum. Und das wiederum hilft dabei, toleranter und liebevoller mit dem persönlichen Umfeld umzugehen.

Zu wissen, wer wir sind, macht das Leben rund und reich. Wir empfinden uns ganzheitlicher. Wir funktionieren nicht mehr nur, sondern beginnen bewusster und vitaler zu leben und fühlen uns dadurch selbst intensiver, energievoller, souveräner und sind stärker mit der Welt verbunden. Wir bekommen ein Gespür für unser Dasein. Je besser wir uns kennen, desto mitfühlender werden wir anderen gegenüber. Wir können uns gelassener annehmen, wie wir sind, und auch andere so akzeptieren, wie sie sind.

Die nachfolgenden Tagebuchanregungen ermuntern, herauszufinden, wer wir sind, was in uns vorgeht. Welche Punkte unserer Seele bringen wir in Schwingung? Wo spüren wir Widerstände, wo Glück? Was wäre veränderungsbedürftig, was erhaltenswert?

Beginnen Sie mit den Themen, die Ihnen Spaß machen. Versuchen Sie – falls Sie Lust haben –, das gleiche Thema methodisch verschieden anzugehen. Experimentieren Sie. Verarbeiten Sie zum Beispiel ein Thema zu einem Gedicht, schreiben Sie einen Brief, einen Dialog, eine Rede. Ändern Sie die Anregungen, bauen Sie sie aus – seien Sie kreativ in Sprache, Farbe und Form. Und – freuen Sie sich über Ihre neuentdeckte Kreativität.

Die Uhr meines Lebens (Idee: Holle Schneider)

Wie jung fühlen Sie sich? Zeichnen Sie eine Uhr in Ihr Tagebuch, und setzen Sie die Zeiger so, dass sie die Zeit anzeigen, die Ihrem Alter entspricht. Dabei ist nicht das physische Alter gemeint (wir wissen ja nicht, wie alt wir werden.), sondern Ihr Lebensgefühl.

Vervollständigen Sie nun folgende Sätze:

Es ist zu spät, um ...
Es ist zu früh, um ...
Es ist die richtige Zeit ...

Schreiben Sie möglichst zu jedem Satz mehrere Gedanken auf, und überlegen Sie sich am Schluss nochmals, ob Sie die Zeiger Ihrer Uhr richtig plaziert haben.

Sicherheit versus Unsicherheit

Sicherheit und Unsicherheit prägen unser Leben. Sicherheit gibt Selbstvertrauen, Unsicherheit macht uns angst. Niemand ist sein Leben lang sicher. Vor Krieg und Krankheiten können wir uns nicht schützen. Sicher ist nur der Tod.

In welchen Bereichen fühlen Sie sich sicher, in welchen unsicher? Erstellen Sie je einen Cluster zum Thema Sicherheit bzw. Unsicherheit, und schreiben Sie anschließend einen Text.

Was tut Ihnen gut?

Listen Sie auf, was Ihnen guttut. Vergessen Sie die kleinen Dinge nicht wie z. B. den Genuss eines Schaumbads oder das kühle Bier an einem heißen Tag. Was braucht Ihr Körper, was braucht Ihre Seele, damit sie sich wohl fühlen?

Ist Ihre Liste lang geworden? Was könnten Sie tun, damit Sie noch länger wird? Vergessen Sie nicht, das eine oder andere in den nächsten Tagen umzusetzen.

Was macht Ihr Leben lebenswert? Was ist Ihnen wichtig?

Schreiben Sie ein Abc-Darium (siehe S. 81) zu diesem Thema. Sie können auch mehrere Gedanken zu einem Buchstaben notieren.

Ein Abc-Darium eignet sich auch für das Thema: ***Was mag ich? Was mag ich nicht?***

Ferner für: ***Was wünsche ich mir?***

Akrostichon mit Ihrem Namen

Welches ist Ihre Eigenart? Wie empfinden Sie sich? Wie fühlen Sie sich im Augenblick? Ein Akrostichon (siehe S. 80) ist eine Momentaufnahme. In einem Jahr werden Sie bei einzelnen Buchstaben neue Begriffe einsetzen.

Stellen Sie sich sich selbst als zehnjähriges Kind vor. Wie sieht dessen Akrostichon aus? Und was für Begriffe schreiben Sie, wenn Sie an Ihre Pubertät zurückdenken? Gibt es Ähnlichkeiten mit dem jetzigen Akrostichon?

Versuchen Sie ein farbiges Bild aus Ihren Akrostichen zu malen; gestalten Sie Ihren Namen.

Schreiben fällt mir leicht, wenn ...

Vervollständigen Sie diesen Satz, und halten Sie listenartig fest, wann und wo Ihr Stift leicht über das Papier gleitet. Haben Sie einen Lieblingsplatz? Brauchen Sie Ruhe oder Gesellschaft? Manche Leute schreiben gerne im Zug oder im Kaffeehaus. Andere bevorzugen eine bestimmte Tageszeit, ein bestimmtes Getränk, bestimmtes Wetter, eine brennende Kerze. Sie machen aus ihrer Schreibzeit ein Ritual. Finden Sie heraus, welches für Sie die beste Art ist, Ihr Tagebuch zu füllen.

Warum schreiben Sie?

Sich selbst Zuwendung zu geben ist lebenswichtig. Wir können das auf vielerlei Arten tun: sich eine Massage gönnen, ein Buch lesen oder Tagebuch führen. Schreiben ist keine Therapie, aber es hat eine therapeutische Wirkung. Unsere Gefühle können aufgeschrieben und dann losgelassen werden. Wenn wir schreiben, bemerken wir die Energie, die in uns steckt. Und wenn uns klar ist, warum wir schreiben, macht uns das noch stärker.

Warum schreiben Sie? Erinnern Sie sich an den Ursprung Ihres Schreibens? Was für Schreibhöhen und -tiefen haben Sie erlebt? Schreiben Sie Ihre Gedanken auf, und unterstreichen Sie die wichtigsten Sätze. Dieser Prozess kann bewirken, dass das Schreiben für Sie noch bedeutungsvoller wird.

Meine Kreativität

Die Voraussetzung für Kreativität ist, dass es Sie nach Neuem drängt. Sie möchten produktiv sein, erfinden, experimentieren, kombinieren, Ihre Gestaltungskraft entdecken. Jede Person, die etwas, das sie nicht kennt, von sich aus tut, ist kreativ. Kreativität verbirgt sich in jedem Menschen und muss nur freigelegt und geübt werden.

Wann sind Sie in Ihrem Leben kreativ gewesen? Wann haben Sie das letzte Mal unkonventionell gedacht und gehandelt? Erstellen Sie einen Cluster (S. 69) zum Thema Kreativität, und schreiben Sie anschließend einen kurzen Text darüber.

Mein Baum

Malen Sie einen Baum mit Wurzeln, Stamm und Zweigen in Ihr Tagebuch. Jede Wurzel steht für ein Talent bzw. für eine Fähigkeit und jeder Ast für einen Erfolg, den Sie erreicht haben. Benennen Sie die Wurzeln und Zweige entsprechend. Der Stamm sind Sie selbst. Geben Sie nicht so schnell auf, wenn Ihr Baum beim ersten Versuch nicht gerade vor Gesundheit strotzt. Überlegen Sie, wo Sie noch eine Wurzel zeichnen können, wo einen weiteren Zweig. Erfolg ist nicht unbedingt nach außen orientiert. Denken Sie an Ihren ganz persönlichen Erfolg, den nur Sie kennen, und vergessen Sie die Talente nicht, die zwar wirtschaftlich nichts bringen, aber zwischenmenschlich von Bedeutung sind.

Ich mag an mir …

Erstellen Sie einen Cluster (S. 69), in den Sie alles notieren, was Ihnen innerhalb von *zehn* Minuten einfällt. Welche Körpermerkmale oder Talente sind es? Welche Charaktereigenschaften mögen Sie? Was haben Sie für Stärken? Der Cluster wird nicht vollständig sein, aber das macht nichts. Sie können ihn später vervollständigen. Kreisen Sie farbig ein, was Sie an sich selbst besonders mögen, und schreiben Sie einen kurzen Text, ausgehend von diesen Begriffen.

Eine andere Möglichkeit, dieses Thema anzugehen, ist, eine Liste mit mindestens zwanzig Beispielen zu erstellen mit allem, was Sie an Ihrer eigenen Persönlichkeit schätzen.

Das bin ich (und noch viel mehr)

Suchen Sie in einer Zeitschrift nach Bildern und Überschriften, mit denen Sie sich identifizieren können. Kleben Sie sie übereinander, so dass eine Collage entsteht (S. 82). Was sagt Ihnen dieses Bild? Schreiben Sie anschließend ein zehnminütiges SOP (S. 66), und geben Sie Ihrem Text einen Titel.

Ein Brief an mich

Schreiben Sie sich einen Brief in Du-Form. Beginnen Sie, ohne an ein bestimmtes Thema zu denken. Schreiben Sie zügig drauflos, aber nicht länger als zwanzig Minuten.

Lesen Sie einen Tag später, was Sie geschrieben haben. Vielleicht entdecken Sie etwas darin, auf das Sie näher eingehen möchten. Verfassen Sie dann einen neuen Text, in dem Sie den entsprechenden Aspekt aufgreifen.

Ja sagen

Wann haben Sie zum letzten Mal überzeugt JA gesagt? Was in Ihrem Leben können Sie bejahen? Was ist Ihnen wichtig? Es geht in diesem Tagebucheintrag um Überzeugungen, um Entscheide. Schreiben Sie ein großes »JA« in die Mitte Ihres Tagebuches, und bilden Sie einen Cluster um dieses »JA«.

Nein sagen

Wann haben Sie das letzte Mal überzeugt NEIN gesagt? Wann und bei welchen Gelegenheiten grenzen Sie sich ab? Was für Prinzipien haben Sie? Fertigen Sie analog zu Ihrem JA-Cluster einen NEIN-Cluster an. Welcher fällt Ihnen leichter?

Reflektieren Sie schriftlich darüber, wie Sie mit Entscheidungen umgehen.

Ich muss – ich entscheide mich

Dieser Tagebucheintrag ist ein Experiment, um herauszufinden, wie frei Sie innerlich sind, obwohl das von außen betrachtet vielleicht gar nicht so aussieht. Erstellen Sie eine Liste mit all den Dingen, die Sie im Leben tun müssen. Schreiben Sie etwa zehn Minuten drauflos, und beginnen Sie Ihre Sätze immer mit: »Ich muss …«

Jetzt wandeln Sie diese Sätze so um, dass sie folgendermaßen beginnen: »Ich entscheide mich …« Welche Sätze können Sie ohne Mühe verändern, welche nicht?

Gewohnheiten

Oft wiederholen wir eine Handlung routinemäßig, ohne dass es uns bewusst ist. Sie wird schnell zur Gewohnheit. Gewohnheiten geben Sicherheit, können aber auch einengend sein. Manche möchten Sie vielleicht absichtlich beibehalten, andere versuchen Sie seit längerer Zeit loszulassen. Listen Sie auf, welche Gewohnheiten Ihnen lieb sind und welche Sie ablegen möchten. Anschließend können Sie sich schriftlich über die eine oder andere äußern.

Meine Hand

Zeichnen Sie den Umriss Ihrer Hand in Ihr Tagebuch. Was macht diese Hand? Notieren Sie listenartig, was sie kann, was sie täglich tut. Schreiben Sie jetzt ein kurzes Gedicht in Ihre Hand. Es muss sich nicht reimen. Lesen Sie sich Ihr Gedicht laut vor, und erfreuen Sie sich daran.

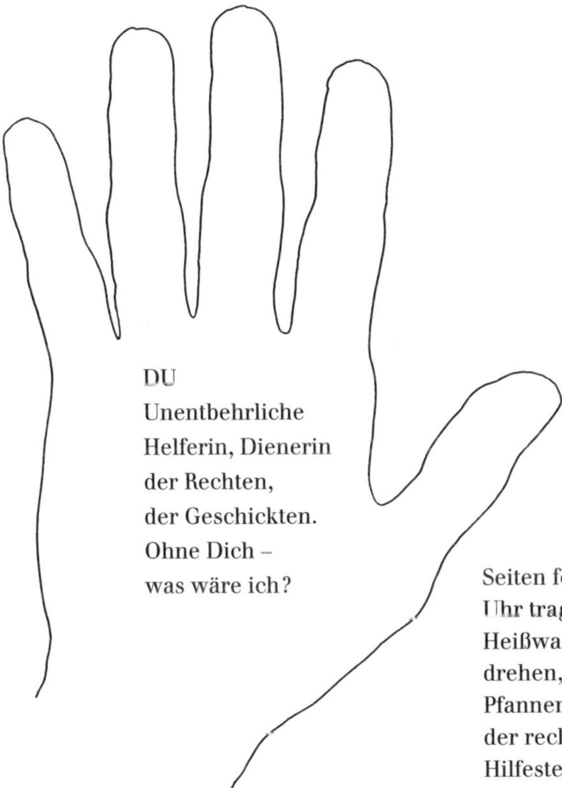

DU
Unentbehrliche
Helferin, Dienerin
der Rechten,
der Geschickten.
Ohne Dich –
was wäre ich?

Seiten festhalten,
Uhr tragen,
Heißwasserhahn auf-
drehen, Kopf stützen,
Pfannen halten,
der rechten Hand
Hilfestellungen geben,
Gemüse beim Schälen
halten, Flöte spielen,
Schirm öffnen.

Mary Pfister

Einsame Insel

Sie müssen oder dürfen allein auf eine einsame Insel. Dabei können Sie nur das Nötigste in Ihren Rucksack packen. Schlafgelegenheit und Essen sind vorhanden. Was packen Sie ein? Wie sieht die Insel aus, und wie verbringen Sie dort Ihre Zeit?

Was in Ihrem Leben möchten Sie keinesfalls weggeben?

Machen Sie eine Liste, und halten Sie zuerst fest, was Ihnen am wichtigsten ist. Schreiben Sie anschließend ein Gedicht über den Gegenstand, der Ihnen am meisten bedeutet. Warum möchten Sie ihn nicht weggeben? Oder schreiben Sie dem Gegenstand einen Brief. Bedanken Sie sich bei ihm.

Loslassen – Abschied nehmen

Loslassen und Abschied nehmen ist manchmal ganz schön schwer. Sehen Sie sich um, und überlegen Sie, was Sie weggeben könnten, ohne dass es Sie schmerzt. Vielleicht gilt es auch, Gewohnheiten oder menschliche Beziehungen loszulassen. Oder wird es Zeit, festgefahrene Strukturen innerhalb einer Beziehung zu lockern?

Erstellen Sie einen Cluster (S. 69), und schreiben Sie zehn Minuten lang, ohne abzusetzen, was Ihnen zu diesem Thema einfällt. Mischen Sie ruhig Materielles und Immaterielles. Entscheiden Sie sich dann in einer zweiten oder dritten Phase für ein bestimmtes Sujet, und bringen Sie Ihre Gedanken darüber zu Papier.

Angenommen, Sie hätten nur noch ein Jahr zu leben ...

Dies ist ein Gedanke, der angst macht. Trotzdem kommen immer wieder Menschen in Situationen, in denen ihnen plötzlich klar wird, wie endlich das Leben ist. Würde sich in Ihrem Leben etwas ändern? Wie würden Sie die verbleibende Zeit verbringen? Was möchten Sie noch erleben, lernen, erfahren? Schreiben Sie ein SOP (S. 66) zu diesem Thema, und unterstreichen Sie anschließend die wichtigsten Sätze.

Zauberworte

Benützen Sie ein Zauberwort, wenn Sie unglücklich sind, unter Stress stehen oder Angst haben, um so wieder zur Ruhe zu kommen? Brauchen Sie Zauberworte für Ihren Seelenfrieden? Sie können in Affirmationen bestehen, in kurzen positiven Sätzen, vielleicht nur in einem einzelnen Wort, das Ihnen guttut und Ihr Leben bereichert. Schreiben Sie einen solchen Zaubersatz oder ein Zauberwort in Ihr Tagebuch, und gestalten Sie Ihren Eintrag.

Ziele Ihres Lebens

Lebensziele sind wichtig, aber manchmal überfordert man sich, vor allem dann, wenn sie zu hoch gesteckt werden.

Schreiben Sie Ziele auf, die Sie in fünf Jahren erledigt haben möchten.

Schränken Sie nun den Zeitrahmen ein, und notieren Sie Ziele, bei denen Sie sich ein Jahr Zeit geben.

Nun gilt es, nochmals eine Eingrenzung vorzunehmen. Schreiben Sie, ausgehend von den oben erwähnten Vorsätzen, ein Monatsziel auf. Überfordern Sie sich nicht, indem Sie das Ziel zu hoch ansetzen. Formulieren Sie es in einem positiven Satz, so als hätten Sie es schon erreicht. Tragen Sie ihn groß und farbig in Ihr Tagebuch ein.

Fauler Tag

Gehören Sie zu den Menschen, die es sich erlauben, von Zeit zu Zeit faul zu sein, oder haben Sie Mühe, einmal einfach nichts oder auch etwas Unnützes zu tun? Beschreiben Sie einen Tag, an dem Sie so richtig faul waren. Wie erging es Ihnen dabei? Möchten Sie diesen Tag so oder in einer anderen Form wiederholen?

Ich und mein Umfeld

In einem klassischen Tagebuch stehen vorwiegend Fakten. Oft haben Tagebuchschreibende sie für ihre Nachkommenschaft festgehalten. Es war wichtig, was sich in ihrer Familie, in ihrem Dorf ereignete. Aus den Tagebucheinträgen wurde eine Chronik. Heutzutage hat dieses Traditionsbewusstsein einen anderen Stellenwert. Trotzdem kann es spannend sein, aus der Fülle der Ereignisse, die um uns herum stattfinden, das, was uns beschäftigt oder uns bemerkenswert erscheint, in unserem Tagebuch zu notieren. Sie erhalten auf diese Weise eine Urkunde Ihres individuellen geschichtlichen Daseins, ein Lebensdokument oder ein Erinnerungsjournal mit dem praktischen Zweck, das Gedächtnis zu entlasten – die Spanne reicht von der Wetternotiz bis zum Familienereignis.

Tageszeitung schon gelesen?

Welcher Artikel aus der Tageszeitung von heute lässt Sie nicht kalt? Kleben Sie ihn in Ihr Tagebuch, unterstreichen Sie einen wichtigen Satz, und notieren Sie Ihre Gedanken dazu.

Nachttischlektüre

Nicht nur die Tageszeitung kann Sie zu eigenen Reflektionen anregen, auch die Nachttischlektüre stellt eine wichtige Quelle dar. Sie lesen in einem Buch Seite um Seite, und plötzlich kommen Sie zu einer Passage, welche Sie so noch nie gelesen haben. Kopieren Sie die Seite, kleben Sie sie in Ihr Tagebuch. Bringen Sie zu Papier, was Ihnen dazu einfällt.

Film-, Theater-, Konzertkritik

Wir orientieren uns an der Kritik von Kulturredakteuren. Diese Kritiken sind sinnvoll, um uns einen ersten Einstieg zu gewähren. Doch sollten wir uns nach einem Film-, Theater- oder Konzertabend durchaus eine eigene Meinung zutrauen. Dabei müssen wir uns nicht um ein abgerundetes Bild bemühen. Einige subjektive Eindrücke und Empfindungen oder ein einziger Aspekt aus dem Geschehen kann genügen.

Leserbrief

Sie lesen eine engagierte Zeitschrift. Auf welche Reportagen, Berichte reagieren Sie innerlich? Schreiben Sie Ihren persönlichen Standpunkt zu einem aktuellen Ereignis auf. Vertreten Sie Ihre Ansicht selbstsicher. Möchten Sie Ihren Leserbrief veröffentlichen? Zögern Sie nicht. Jedenfalls lernen Sie, stärker auf die Macht des eigenen Wortes zu vertrauen, das ist wichtig für Sie.

Buchzusammenfassung

Wissen Sie noch, was Sie vor einem halben Jahr gelesen haben? Nein? Eine Kopie der Inhaltsangabe eines gelesenen Buches ist nützlich. Wenn dann noch die Gefühle, die beim Lesen des Buches mitschwangen, notiert werden – zusammen mit den wichtigsten Gedanken –, wird das Buch nicht so schnell aus Ihrem Bewusstsein verschwinden.

Persönlichkeiten unserer Zeit

Welche Menschen aus Wissenschaft, Kultur und Politik beeindrucken Sie? Aus welchem Grund? Schreiben Sie ein kleines Porträt über die Person, die für Sie in irgendeiner Form eine Bedeutung hat. Sie können ihr auch einen fiktiven Brief schreiben.

Tagesspruch

Haben Sie einen sinnigen Spruch in Ihrem Kalender gelesen, einen Werbespruch aufgeschnappt, oder sind Sie über ein Zitat in einem Buch gestolpert? Notieren Sie es, und machen Sie sich Ihre eigenen Gedanken über die Weisheit anderer.

Collage aus der Tageszeitung

Was ist gegenwärtig politisch, kulturell, sportlich, wirtschaftlich brisant? Schneiden Sie aus der Tageszeitung oder aus einer Zeitschrift Schlagzeilen aus, die Sie interessieren, und erstellen Sie daraus, zusammen mit Bildern und eigenem Text, eine Collage.

Im Fluss meines Lebens

Gewaltig endet so das Jahr
Mit goldnem Wein und Frucht der Gärten.
Rund schweigen Wälder wunderbar
Und sind des Einsamen Gefährten.

Es ist der Liebe milde Zeit.
Im Kahn den blauen Fluss hinunter
Wie schön sich Bild an Bildchen reiht –
Das geht in Ruh und Schweigen unter.

Georg Trakl

Wenn unser Alltagsleben uns auffrisst, wenn wir uns keine Zeit nehmen, den schillernden Seifenblasen nachzuschauen und zu träumen oder die Wolken am Himmel zu beobachten, wie sie über uns vorbeiziehen, fehlt uns etwas Wesentliches im Leben: absichtsloses Tun, das glücklich macht.

Träume müssen nicht jeder realen Grundlage entbehren. Träumen wir, dehnen wir die Wirklichkeit über die Grenze des Heute aus. Im Traum kann unsere Seele regenerieren und gesunden. Wir fixieren mit unseren Augen dann nicht ständig nur den Boden, sondern heben unseren Blick und sehen plötzlich einen doppelten Regenbogen über uns. Wenn wir träumen und hoffen, heißt das nicht, dass wir das reale Leben außer acht lassen, sondern wir schmücken unser Alltagsleben mit wunderbaren vergänglichen Augenblicken.

Die Sehnsucht hilft uns, vorwärtszukommen, Grenzen zu überspringen. Sehnsucht ist ein Teil unseres Lebens und ist nur dann hinderlich, wenn wir ihr alleinigen Raum lassen.

Sehnsucht und Träume gehören zusammen. Sie machen unser Leben bunter und reicher. Beides hat etwas mit Weite und Freiheit zu tun. Das ist in den Zeilen von Georg Trakl spürbar. Gemeint ist jedoch nicht, dass wir uns Illusionen machen sollen. Sich Illusionen hinzugeben ist gefährlich, weil wir uns etwas vormachen bzw. etwas nicht wahrhaben wollen, was wir sehen, begreifen und in Angriff nehmen sollten.

Wagen wir, unsere Sehnsüchte einzugestehen, wagen wir, zu träumen, zu hoffen im Wissen, den Boden unter den Füßen trotzdem nicht zu verlieren. Träume, Wünsche und Ziele sind eng miteinander verknüpft. Wagen wir uns mit der Feder an sie heran.

Ein Tag im Paradies

Beschreiben Sie einen Tag im Paradies. Wie sieht es dort aus? Wie verbringen Sie Ihre Zeit? Wer ist bei Ihnen? Was brauchen Sie, um sich wohl zu fühlen?

Können Sie etwas von dem, was Ihnen dazu einfällt, in Ihrem Alltag verwirklichen?

Wunschzettel an das Christkind

Haben Sie als Kind dem Christkind einen Wunschzettel geschrieben? Werden Sie in der nächsten halben Stunde wieder Kind, und schreiben Sie ihm einen Brief, egal, ob es mitten im Sommer ist. Trauen Sie sich auch an unrealistische Wünsche heran. Wünschen Sie sich materielle und immaterielle Dinge. Dekorieren Sie Ihren Wunschzettel farbig.

Ist ein Wunsch darunter, bei dem Sie nicht bis Weihnachten warten wollen?

Angenommen, es käme eine Fee und Sie hätten drei Wünsche frei ...

Welche sind es? Warum gerade diese? Schreiben Sie einen kurzen Text, und markieren Sie die drei Wünsche farbig. Fertigen Sie jetzt, falls Sie Lust haben, zu den drei Wünschen je ein Elfchen oder ein Akrostichon (S. 80) an.

Wie wäre es, wenn ...

Manchmal sehnen wir uns nach einer anderen Welt. Weniger Leid, weniger Krankheiten, weniger Konflikte, intaktere Familien, Arbeit für alle ...

Machen Sie aus unserer unvollkommenen Welt die beste aller Welten. Beschreiben Sie, wie diese Welt aussehen soll.

Was würden Sie verändern? Wie stellen Sie sich das Leben der Menschen vor? Welchen Sinn hat die Existenz der Lebewesen? Gäbe es in Ihrer Welt noch eine Religion? Wenn ja, was beinhaltete sie? Wie würden Sie die Bildung verändern? Gäbe es noch ein Familienleben in der heutigen Form? Wie gestalteten sich die Beziehungen zu anderen Menschen?

Dieser »Wie-wäre-es,-wenn«-Text darf ruhig überzeichnet dargestellt werden. Fragen Sie sich erst am Schluss, was realistisch ist und veränderbar wäre.

Wenn Sie noch einmal geboren würden, wie gestalteten Sie dann Ihr Leben?

Würden Sie alles so machen wie bisher? Würden Sie sich auch in kleinen Dingen gleich verhalten? Phantasieren Sie, und versuchen Sie, konkret zu beschreiben, was Sie ändern wollten.

Schöpferischer Augenblick

Sie sitzen in einem Liegestuhl oder liegen auf einer Blumenwiese und schauen in den Himmel. Versuchen Sie, die Alltagssorgen loszulassen. Beobachten Sie die Wolken am Himmel oder einen Käfer, wie er über Gräser klettert. Was fühlen Sie in einem solchen Augenblick? Schreiben Sie ein kurzes, freies Gedicht, und halten Sie so diesen schöpferischen Moment fest.

Tagebuchnotiz aus dem Jahre ...

Stellen Sie sich vor, dass Sie – je nach Ihrem Alter – zwanzig oder dreißig Jahre älter sind. Es ist Silvesterabend, und Sie haben Zeit, Bilanz zu ziehen und Ihre Vorsätze und Wünsche für das neue Jahr kundzutun. Wie stellen Sie sich Ihr Dasein vor? Wer ist bei Ihnen? Was geht Ihnen durch den Kopf, wenn Sie an Ihre Vergangenheit denken?

Dies ist eine Möglichkeit, Ihr Leben so zu schildern, wie Sie es sich erhoffen.

Alles wirkliche Leben ist Begegnung

Wenn Sie Ihr Tagebuch führen, sind Sie allein und genießen hoffentlich die Stunden, in denen Sie sich zurückziehen und sich selbst ein bisschen näherkommen können. Doch wir alle leben in einem Sozial- und die meisten auch in einem Familiengefüge. Wie stark wir in einen Familien-, Arbeits- und Freundeskreis integriert sind, ist verschieden. Die einen brauchen von ihrer Persönlichkeit her weniger Menschen in ihrem

Umfeld, für andere bedeutet Lebensqualität, viele Freunde und Bekannte zu haben. Wichtig ist, dass wir das richtige Maß der sozialen Kontakte finden und leben können.

Bei den nachstehenden Tagebuchanregungen geht es um Begegnungen, die – nach Martin Buber – das wirkliche Leben erst ausmachen. Denn Leben bedeutet Beziehung: Uns wird Kraft gegeben, und wir geben Kraft weiter. Kraft geben heißt den andern etwas weiterreichen, das wir aus uns heraus schenken können. Das kann ein ermunternder Satz sein. Es ist schön zu spüren, dass wir etwas Kostbares zu geben haben, und es ist angenehm, etwas Wertvolles zu bekommen. Dieser Akt des Gebens und Empfangens bedeutet Austausch von Energie und Aufmerksamkeit und ist ein grundlegendes Lebensbedürfnis.

Dialog mit der Liebe

Schreiben Sie einen Dialog mit der Liebe. Die Liebe ist Ihre Partnerin. Nehmen Sie dazu zwei verschiedene Farben, eine für Sie, eine für die Liebe. Fangen Sie an, ohne zu wissen, wohin die Schreibreise führt. Lassen Sie sich überraschen.

Akrostichon

Erstellen Sie ein Akrostichon (S. 80) für jemanden, den Sie gut kennen und den Sie mögen. Was zeichnet diese Person aus? Was macht ihren Charakter aus? Wie lebt und fühlt sie? Ein Akrostichon ist ein persönliches Geschenk an den betreffenden Menschen, das immer Freude bereitet, auch wenn es vielleicht im ersten Augenblick Verwunderung auslösen mag, weil es ungewohnt ist.

Sorry Day (Idee aus Australien)

Einzelne Menschen, aber auch Organisationen und Betriebe entschuldigen sich an einem bestimmten Tag für ihre Unzulänglichkeiten. Natürlich kann man sich fragen, ob das sinnvoll ist. Warum sich nicht sofort entschuldigen, wenn es etwas zu verzeihen gibt? Trotzdem … Heute ist Ihr Sorry Day. Bei wem entschuldigen Sie sich und für was?

Die richtigen Freunde zur richtigen Zeit

Familienangehörige, Freunde, Kollegen, Nachbarn – sie alle füllen Ihr Leben in einem oder mehreren Bereichen aus und nehmen jeweils einen wichtigen Platz darin ein. Wen rufen Sie z. B. an, wenn Sie traurig sind? Mit wem lachen Sie am liebsten? Schreiben Sie einen, höchstens zwei Sätze zu jeder Person auf, die Ihnen einfällt:

Geht es mir schlecht, schütte ich mein Herz Veronika und Hans aus.

Bin ich überglücklich, bekommt es zuallererst Hans zu spüren.

Einkaufen gehe ich am liebsten allein oder mit Ursula.

Mit Fritz würde ich gerne um die Welt laufen.

Franziska ist sehr treu, aber sie klammert. Manchmal nervt es mich deshalb, wenn sie anruft.

Romi erweckt in mir nostalgische Erinnerungen. Uns verbinden Familienferien, aber nicht nur.

Ella gibt mir das Gefühl von Heimat an meinem neuen Wohnort.

Simon und Felix: Ich werde mich immer freuen, wenn sie da sind, was sie auch sagen und tun.

Susanne verliere ich langsam aus den Augen. Schade, mit ihr konnte ich stundenlang flachsen und lachen.

Bernd macht mich neugierig. Ich muss mehr über ihn wissen.

Mit Ulla kann ich mich wortlos verständigen.

Menschen, die mir in meinem Leben wichtig sind

Schließen Sie die Augen, und entspannen Sie sich. Denken Sie an jemanden, der Ihnen nahesteht. Schreiben Sie ein Drei-Zeilen-Gedicht, in dem Sie eine Eigenart dieses Menschen zu erfassen suchen.

Katharina
C'est l'amour qui fait la vie.
Nichts anderes ist so wichtig.
Ich glaube dir.

Regina
Auf dem Hocker stehen Kerzen,
Und es gibt Brot und Wein
Für uns – wenn ich dich besuche.

Foto

Kleben Sie das Foto eines Menschen, den Sie gern haben, in Ihr Tagebuch, und schreiben Sie daneben stichwortartig auf, was Sie für diese Person empfinden.

Problemlösung
Ein fiktiver Brief an einen Freund (Partner)

Ein nicht abgesandter Brief verletzt nicht. Sie können Ihre

(negativen) Gefühle wie Wut, Hass, Angst und Trauer herauslassen. Sie dürfen anklagen, fluchen, toben. Sie brauchen sich nicht um Objektivität bemühen. Auch empathisch müssen Sie nicht sein. Schreiben Sie einen fiktiven Brief an die Person, mit der Sie Schwierigkeiten haben, und lassen Sie Ihren Gefühlen freien Lauf. Legen Sie den Brief zwei, drei Tage beiseite, ohne ihn nochmals durchzulesen. Versuchen Sie später mit einem klareren Kopf das Problem auf das Wesentliche einzukreisen. Formulieren Sie es dieses Mal, ohne anklagend zu sein. Dies ist eine gute Vorbereitung für ein anschließendes Gespräch zu zweit.

Problemlösung
Ein fiktiver Dialog mit einem Freund (Partner)

Sie beschäftigen sich mit einer Frage, einem Problem und wissen nicht, wie Ihr Partner, Ihre Partnerin darauf reagieren wird. Führen Sie einen fiktiven Dialog mit Ihrem Partner. Seien Sie kreativ, offen und phantasievoll für das, was Ihnen einfällt. Stellen Sie Fragen, und lassen Sie zu, dass man Ihnen auch Fragen stellt. Setzen Sie diesen fiktiven Dialog fort, bis Sie eine Lösung gefunden haben oder bis Sie wenigstens ein Stück weiter gekommen sind.

Die Kunst des Fragens

Fragen bleiben jung,
Antworten altern rasch.
Kurt Marti

Wenn wir Fragen stellen, heißt das, dass wir neugierig sind. Mit Neugierde meine ich nicht, die Nase in die Angelegenheiten anderer Leute stecken, um zu klatschen und zu traschen, sondern Anteil zu nehmen am Leben unserer Mitmenschen. Wenn ich mir selbst Fragen stelle, bleibe ich wach und lebendig. Kleine Kinder haben unzählig viele Fragen auf der Zunge, alte Menschen manchmal keine einzige mehr. Ich glaube nicht, dass das nur deshalb so ist, weil kleine Kinder wenig und alte Menschen viel wissen, sondern weil kleine Kinder dem Leben zugewandt sind. Je jünger wir uns innerlich fühlen, je reger wir sind, desto mehr Fragen stellen wir. ***Deshalb besteht die wichtigste Technik des Tagebuchschreibens in der Fragestellung.*** Gelingt es uns sogar, die richtige Frage im richtigen Augenblick zu stellen, dann ist das bereits Lebenskunst.

Im Grunde genommen könnten wir nach jedem Tagebucheintrag nach der entsprechenden Frage suchen, z. B.:

- Welches ist das zentrale Thema meines Eintrages? Oder:
- Aus welchem Grunde habe ich diese Erfahrung gemacht?
- Warum habe ich gerade diese Gedanken aufgeschrieben?

Wir können die Frage auch als Werkzeug benützen, um in unbekannte Bereiche vorzustoßen. Dabei kommt es darauf an, geduldig zu sein und auf Antworten warten zu können. Gute Antworten sind stets willkommen, richtige Antworten können jedoch weiteres Nachdenken stoppen. Gesucht wird aber nicht nur nach einem Grund, sondern nach vielen Gründen; nicht nur nach einer einzigen Bedeutung ist gefragt, sondern nach einer Vielzahl von Bedeutungen.

Wagen wir also immer wieder zu fragen. Wir werden mit Überraschungen belohnt werden.

Eine Liste willkürlicher Fragen

Schreiben Sie innerhalb von fünf Minuten alle Fragen auf, die Ihnen spontan in den Sinn kommen. Zensieren Sie Ihren Schreibfluss nicht. Wählen Sie anschließend eine Frage aus, die Sie besonders anspricht, und versuchen Sie darauf eine Antwort zu geben. Vielleicht kristallisiert sich aus der Antwort eine neue Frage heraus …

Wer bin ich?
Warum spricht niemand mehr vom Waldsterben?
Womit sollte ich meinen Fuß behandeln, damit er schnell heilt?
Welche Weiterbildung ist angesagt?
Was will ich für meine Beziehung tun?
Wo würde ich gerne die Sommerferien verbringen?
Was möchte ich heute abend am liebsten unternehmen?
Was geschieht mit mir, wenn ich gestorben bin?

Fragenschneeball

Stellen Sie sich eine Frage, und beantworten Sie sie in Form eines Schneeballs (S. 79).

Was ist Liebe?

Lieben
ohne wenn …
ist wahre Liebe.
Das sagen weise Menschen.
Ich aber liebe
nicht immer
weise.

Das Wiederholen von Fragen

Wenn Sie eine Frage beschäftigt, schreiben Sie sie groß in Ihr Tagebuch. Lassen Sie viel Platz rundherum. Jedesmal, wenn Sie Ihr Tagebuch in Zukunft aufschlagen und auf die Frage treffen, schreiben Sie dann ein paar Minuten lang Ihre Gedanken dazu auf. Eines Tages stoßen Sie vielleicht inmitten Ihrer Antworten plötzlich auf eine bestimmte Antwort, die Ihnen die Gewissheit gibt, dass sie die richtige ist.

Warum? – Weil …

Wenn wir Glück hatten, konnten wir als Kind jederzeit an unsere Bezugspersonen eine Frage stellen und bekamen eine passende Antwort. Als Erwachsene müssen wir unsere Fragen manchmal selbst beantworten.

Stellen Sie sich fünf Fragen, und geben Sie die Antworten darauf.

Ein Problem angehen mit Hilfe der sechs W-Fragen
Wenn Journalisten einen Bericht verfassen, bedienen sie sich oft der sechs W-Fragen. Versuchen Sie, ein Problem auf diese Weise anzugehen und vielleicht sogar zu lösen.

Was ist geschehen?
Wer ist beteiligt?
Wo ist **was** passiert?
Wie hat sich etwas zugetragen?
Warum wird es eine bestimmte Veränderung geben?
Wann ist diese Veränderung geplant?

Wie vorgehen? könnte die siebte Frage heißen. Sind Sie ein bisschen weitergekommen? Sagt Ihnen diese Technik der Problemlösung zu?

Große Fragen – kleine Fragen. Nicht immer lassen sie sich klar in Kategorien einordnen, wie Kurt Marti erkannt hat. Er schreibt: »An manchen Tagen fressen die kleinen die großen Fragen auf. An anderen Tagen verschlingen die großen Fragen die kleinen. Doch hinterher stellt sich nicht selten heraus, dass die kleinen große, die großen kleine Fragen waren.«

Schreiben in stillen Stunden – Spiritualität

Mensch, schätze dich hoch ein,
dann musst du dich nicht wichtig nehmen.
Keltischer Druidenspruch

»Spirituell« leitet sich ab von »spiritus« (lat.) und heißt auf deutsch Seele, Geist. Beim spirituellen Weg handelt es sich um einen seelisch-geistigen Weg, den wir beschreiten. Es ist der innere Weg, der nicht immer ganz einfach zu meistern ist, der über die Bewältigung unserer individuellen Alltagserfahrungen hinausgeht. Fragen drängen sich dabei fast automatisch auf.

Die meisten Menschen sehnen sich im Laufe ihres Lebens nach Spiritualität, auch wenn sie sich darüber nicht unmittelbar im klaren sind. Sie ist die Quelle inneren Wissens, die die Geheimnisse des Daseins kennt, zugleich der tiefen Geborgenheit, die uns immer wieder Kraft gibt. Wir brauchen nicht religiös zu sein, um unsere spirituellen Bedürfnisse zu befriedigen. Vernachlässigen wir diesen Bereich unseres Lebens, fehlen uns jedoch innere Gelassenheit und Frieden, die allein unserem Leben Ganzheitlichkeit verleihen.

Die Schreibanregungen in diesem Kapitel haben alle auf ihre Weise mit dieser Suche nach Gelassenheit und Frieden zu tun, dem göttlichen Wesen in und um uns. Sie können als Einstimmung dienen, um ruhig zu werden, das innere Wissen in uns selbst zu entdecken und es schöpferisch umzusetzen.

Ich glaube nicht, dass es in diesem Zusammenhang großer Worte bedarf. Erspüren wir das Gewöhnliche in uns selbst und in unserer Umgebung, damit wir es im Außergewöhnlichen erkennen können. Was wir dazu brauchen, ist nur ein wenig innere Ruhe und ein bisschen Zeit.

Spiritualität

Je kürzer wir uns fassen, desto mehr sind wir bemüht, das Wesentliche festzuhalten. Versuchen Sie in einem Satz aufzuschreiben, was für Sie Spiritualität bedeutet.

Meine Kraftquellen

Was dient Ihnen als Kraftquelle, und was tun Sie, damit sie sprudelt? Nehmen Sie sich eine halbe Stunde Zeit, und erstellen Sie ein Abc-Darium (S. 81) zum Thema: »Ich und meine Kraftquellen.« Schreiben Sie anschließend einen kurzen Text über die Kraftquelle, die in Ihrem Abc-Darium am wichtigsten ist.

Ruhig werden

Was hindert Sie daran, ruhig zu werden? Schreiben Sie einen Dialog (S. 84) mit dem Teil in Ihnen, der Sie daran hindert.

Kraftort

Ihr persönlicher Kraftort ist da, wo Sie zur Ruhe kommen, wohin Sie sich zurückziehen und auftanken können. Das kann eine Ecke in Ihrer Wohnung sein, die Hängematte in Ihrem Garten, bei Ihrem Lieblingsbaum, an einem Bach, auf einem bestimmten Berg.

Haben Sie Ihren Kraftort schon auserkoren? Wie sieht er aus? Was hören Sie? Was riechen Sie? Sind Sie allein dort? Wenn Sie Ihren Kraftort noch nicht gefunden haben, suchen

Sie einen. Wie sollte er sein? Schreiben Sie einen kurzen Text in der Art eines SOP (S. 66), und bilden Sie anschließend aus diesen Zeilen heraus ein Elfchen (S. 77).

Ich bin dankbar, dass ...

Mit welchen Gedanken beschließen Sie den Tag, und was geht Ihnen beim Aufstehen durch den Kopf? Vielleicht empfinden Sie von Zeit zu Zeit Dankbarkeit über ewas. Listen Sie auf, für was Sie in Ihrem Leben dankbar sind. Schreiben Sie mindestens zwanzig Sätze, und beginnen Sie immer gleich: Ich bin dankbar, dass … Wenn Sie sich wiederholen, spielt das keine Rolle. Bringen Sie alles zu Papier, was Ihnen in den nächsten Minuten zu diesem Thema in den Sinn kommt.

Rituale

Rituale sind keine Gewohnheiten, sondern bewusste Entscheidungen, etwas, das uns wichtig ist, zu wiederholen.

Auch wenn Sie davon überzeugt sind, keinen Ritualen zu folgen, werden Sie einige entdecken, wenn Sie darüber nachdenken, welche Handlungen Sie wiederholen. Vielleicht trinken Sie an einem bestimmten Ort und zu einer bestimmten Zeit Kaffee. Sie zünden zu bestimmten Gelegenheiten eine Kerze an, oder Sie beginnen Ihre Arbeit erst, nachdem Sie … Den Sonntag empfinden Sie erst als Sonntag, wenn Sie … Überlegen Sie, welche Rituale Sie in Ihren Alltag eingebaut haben, und schreiben Sie einen kurzen Text darüber.

Gedichtband

Steht in Ihrem Büchergestell ein Gedichtband, den Sie schon lange nicht mehr aufgeschlagen haben? Suchen Sie darin ein Gedicht, das Sie berührt, schreiben Sie es ab, und formulieren Sie anschließend Ihre eigenen Gedanken dazu.

Affirmationen

Eine Affirmation ist ein Satz, der uns wohltut. Jede positive Aussage ist eine Affirmation. Sie kann allgemein oder fest umrissen sein. Es gibt eine unbegrenzte Anzahl von Möglichkeiten. Denken Sie sich eine aus, und schreiben Sie sie groß und farbig in Ihr Tagebuch.

Alles, was ich brauche, ist schon in mir.

Ich beschäftige mich gerne mit Dingen, die mir Zufriedenheit geben.

Licht und Dunkelheit

Entzünden Sie eine Kerze, und schreiben Sie Ihre Gedanken beim Betrachten der Kerzenflamme nieder. Löschen Sie nun das Licht. Was für Empfindungen kommen jetzt in Ihnen hoch? Wenn Sie möchten, können Sie diese Reflektionen in ein Gedicht oder ein Gebet, in eine Meditation oder Affirmation verwandeln.

Meditatives Schreiben

Setzen Sie sich mit Ihrem Tagebuch hin, werden Sie ganz ruhig, und konzentrieren Sie sich auf die leere Seite vor Ihnen. Welche Botschaft erhalten Sie? Schreiben Sie auf, was immer auch kommt. Vielleicht ist es etwas, das Sie weiterverfolgen möchten. Vielleicht ist es »nur« ein einziges Wort. Füllen Sie mit diesem Wort eine Seite, bis Sie die magische Kraft spüren, die davon ausgeht.

Loslassen

Erstellen Sie eine Liste mit Dingen, die Ihnen lieb und teuer sind, und eine zweite mit solchen, auf die Sie glauben verzichten zu können.

Gibt es auf dieser zweiten Liste etwas, das Sie wirklich entbehren könnten? Schildern Sie, was Sie empfinden, und unterstreichen Sie am Schluss die wichtigsten Gedanken.

Staunen

Staunen ist eine helle Seite in uns, ein spielerischer, glücklicher Gemütszustand. Wenn wir staunen, fühlen wir uns lebendig. Kindern fällt das Staunen nicht schwer. Sie begegnen täglich vielen kleinen Wundern, an denen wir Erwachsene achtlos vorübergehen.

Notieren Sie stichwortartig, worüber Sie noch staunen können. Sie müssen diese Dinge nicht ordnen. Seien Sie erfinderisch, verrückt und ernst zugleich. Schreiben Sie einfach eine Viertelstunde auf, was Ihnen einfällt. In einem zweiten Schritt können Sie daraus ein Thema aufnehmen und weiterspinnen.

Polarität

Es erzeugt eine kreative Spannung, in einem Gegensatzpaar, einer Polarität, das Verbindende zu suchen, das scheinbar Unvereinbares vereint. Sammeln Sie in einer Liste Gegensatzpaare wie Sonne – Mond, arm – reich, fließen – stillstehen. Wählen Sie das interessanteste davon aus, und erstellen Sie einen Cluster (S. 69). Halten Sie alles fest, was Ihnen dazu spontan in den Sinn kommt, und schreiben Sie anschließend einen Text, in dem dieses Unvereinbare sich ein Stück weit verbindet.

Schreiben unterwegs – das Reisetagebuch

Reiseeindrücke aufzuschreiben hilft, Farben, Formen, Gerüche und Töne nachhaltiger wahrzunehmen. Wir begegnen uns selbst und anderen neu, haben Zeit zu lauschen, zu betrachten, zu träumen … Und Jahre später, wenn wir unsere Beobachtungen und Erlebnisse nochmals durchlesen, kommt es uns vor, als hätten wir die Reise eben erst unternommen.

Die Geburt der Reise

Versuchen Sie, gedanklich an den Ursprung Ihrer Reiseidee zu kommen. Da gab es so etwas wie eine Eingebung, eine zündende Idee. Wie gestaltete sich diese Idee? Wie gingen Sie vor, wie planten Sie? »Vorfreude ist die schönste Freude«, lautet ein Sprichwort. Trifft das auf Sie zu? Schreiben Sie Ihre Geschichte von der Geburt der Reise bis zu dem Augenblick, in der Sie Ihre Haustüre ins Schloss fallen ließen.

Reiseplanung

Es zieht Sie an einen ganz bestimmten Ort, den Sie noch nicht kennen. Reisebücher und -prospekte haben Sie bereits studiert und auch die Reisekarte schon mehrmals aufgeschlagen … Doch Ihre eigenen Ideen und die vielen Anregungen von außen verwirren Sie.

Erstellen Sie ein Mind-Map (S. 71) über das, was Sie von Ihren Ferien bereits wissen, und genießen Sie Ihre Vorfreude.

Beobachtungen

An einem fremden Ort sind wir – wenn wir nicht gerade körperlich übermüdet sind – wacher und aufnahmebereiter für alle Sinneseindrücke. Die bunte Reklame an der Hausfassade springt uns ins Auge, oder wir fahren mit dem Zeigefinger über den Rücken einer Muschel am Meeresstrand. Die Feuerwehrsirene heult in einem ungewohnt schrillen Ton, und die Kirchturmglocken über der Stadt klingen lieblicher als zu Hause. Urplötzlich fühlen Sie sich in einem süßlich-herben Rosenduft »gefangen« und können »unmöglich« weitergehen.

Nehmen Sie wahr, was um Sie herum geschieht, und notieren Sie in wenigen Zeilen möglichst genau Ihre Beobachtungen. Schreiben Sie Miniaturen über das, was Sie sehen, hören, riechen, schmecken, und bleiben Sie damit ganz in der Gegenwart.

The Villages, Florida

In einem Supermarktregal sind von oben bis unten Hunderte von kleinen Kapseldöschen aufgereiht. Döschen mit den Vitaminen A, B, C, D, E kann man kaufen – einzeln und als Multivitamine. Kapseln gegen Haarausfall, »natürliches« Magnesium, Sibirischer Ginseng, Kapseln gegen Arterienverkalkung und Hämorrhoiden usw. Die Döschen links oben heißen »Capsules for the Menopause«.

Dialoge

Kleine Dialoge beleben Ihre Reisetagebucheintragungen. Das Wort ist allgegenwärtig. Hören Sie eine Viertelstunde lang ganz bewusst auf die Dialoge Ihrer Mitmenschen, und fangen Sie einige Gesprächsfetzen davon in Ihrem Notizheft auf.

Eine ungewohnte Geschmacksempfindung

Sie sitzen vor einer Speisekarte und haben die Wahl, ein vertrautes oder ein exotisches Essen zu wählen. Bestellen Sie diesmal das Nichtalltägliche, und lassen Sie sich überraschen. Wie sieht Ihre Speiseplatte aus? Wie schmecken diese braunen, gebackenen Teigtäschchen? Finden Sie einen Vergleich für die Sauce, und versuchen Sie den Geschmack des Fleisches in einem Bild zu erklären.

Eine physische Zeiterfahrung

Je spontaner, ungezwungener, improvisierter Sie Ihre Ferien verbringen, desto häufiger werden Sie »in den Genuss des Wartens« kommen. Das ist für uns aktive, zeitbezogene Menschen nicht immer ganz einfach. Das könnte jedoch genau der richtige Augenblick sein, um in einem SOP (S. 69) aufzuschreiben, was an Gedanken und Gefühlen zum Thema Zeit gerade in Ihnen steckt – ist es Wut und Zorn, oder ist es Gelassenheit?

Ungewohnte Sinneseindrücke

Sobald Sie dem Alltagsgeschehen den Rücken zuwenden, nehmen Sie wie von selbst das Ungewohnte, Andersartige um Sie herum wahr. Fremde Geräusche, Klänge, Gerüche, Gebärden etc. fallen Ihnen auf. Besonders in Städten werden Sie von Sinneseindrücken überschwemmt werden. Geben Sie in Ihrem Notizblock einige davon wieder, und versuchen Sie, die Eindrücke anhand eines Sprachfetzengedichts (S. 74) zu verdichten.

Akrostichon

Sie fühlen sich von Stunde zu Stunde wohler an dem Ort, an dem Sie sich gerade aufhalten. Oder Sie wandern seit ein paar Tagen durch einen Landstrich, der Ihnen zwar fremd ist, weil landschaftlich so andersartig, doch zunehmend vertrauter vorkommt. Immer besser können Sie den Ferienort oder die Landschaft erfassen. Schreiben Sie ein Akrostichon zum Namen des Ortes oder der Landschaft (S. 80).

Übrigens: Ein Akrostichon als Postkartengruß ist nicht nur originell, sondern macht besonders viel Freude.

Gegenstände lösen Erinnerungen aus

In einem Bachbett sitzen und einen sonnendurchwärmten Stein in den Händen halten, mit den Fingern über seine glatte Oberfläche fahren – welche Gefühle kommen dabei in Ihnen hoch?

Mit einer Möwenfeder über Ihre Wangen streichen, die Formen eines Schwemmholzes zum Anlass für Träumereien nehmen: Dinge wecken Erinnerungen. Schreiben Sie in einem SOP (S. 66) auf, was Ihnen zu einem gefunden Gegenstand in den Sinn kommt. Auch ein Gedicht, das von einem Wort ausgeht (S. 75), eignet sich dafür gut.

Der Blick in die Weite

Sie sitzen auf einer Bank im Park, ruhen sich in einer kühlen Kirche aus, oder Sie befinden sich auf einer Bergspitze und blicken ins Tal hinunter. Sie schauen von einem Felsen auf das Meer hinaus und sehen den vorbeifliegenden Möwen nach. Wo immer Sie auch sind: Tauchen Sie ein in die Atmosphäre des Augenblicks, und verleihen Sie der Stimmung in Form eines Haikus Ausdruck (S. 78).

Augenblicks-Geschichten

Ein Schreib-Mosaiksteinchen nach dem anderen macht Ihre Reise zu einer bunten Reise. Diese Mosaiksteinchen sind Augenblickserlebnisse und -wahrnehmungen in einem langen, mit Eindrücken prallvollen Ferientag. Ein Tagesthema hilft Ihnen, sich in der Fülle auf sie einstürmender Impressionen zurechtzufinden.

Tagesthemen könnten sein:

- Welches war der heutige Lichtblick?
- Was hat mich überrascht?
- Was war lustig?
- Was war besonders beeindruckend?
- Was war mir fremd?
- Was machte mir angst?
- Über was habe ich mich aufgeregt?
- Was möchte ich auf keinen Fall missen?
- Worüber bin ich dankbar?

Bestimmt kommen Ihnen noch weitere Themen in den Sinn. Schreiben Sie kurze Texte, und versehen Sie Ihre Geschichten zum Schluss mit einem Titel.

In der Kürze liegt die Würze

Sie möchten in Ihren Ferien keine langen Geschichten schreiben und doch das Wesentliche festhalten. Dazu eignet sich der Vergleich wunderbar. Oft genügt ein einziger kurzer oder längerer Satz, um das auszudrücken, was Sie sagen wollen.

Ich fühle mich heute wie ...
Der Aufenthalt in dieser Stadt, diesem Dorf, dieser Gegend ist für mich wie ...
Die Bewohner dieses Landstrichs empfinde ich wie ...
Das Essen schmeckte wie ...
Die Ferien waren für mich wie ...

Nachdenken über die Ferien

Schreiben Sie ein zehnminütiges SOP (S. 66) über das Thema: »Der schönste Augenblick meiner Reise war ...«, und unterstreichen Sie am Schluss den wichtigsten Gedanken.

Oder: Verfassen Sie ein Listengedicht mit dem Titel: »Ich vergesse nicht ...«

Ein Listengedicht ist eine kurze Aufzählung der Eindrücke, die für Sie in den Ferien wichtig waren. Es sind einzelne untereinander geschriebene Worte oder Begriffe, die sich nicht reimen und mit einem markanten Abschlusswort oder -satz enden.

Der Wunsch nach einer Zusammenfassung

Sie möchten Ihren Urlaub zusammenfassen, ohne seitenlang aufzuschreiben, was Sie erlebt haben. Wie wäre es mit einer Mind-Map (S. 71)? Als Äste bieten sich an: Orte, Kultur, Befindlichkeit, Erlebnisse, Essen ... Dieses bunte, kreative Andenken an Ihre Ferien als Abschluss Ihres Reisetagebuchs werden Sie bestimmt immer wieder gerne anschauen.

Gemeinsames Schreiben

Diese Anregungen sind als Inspiration gedacht. Sie müssen nicht eins zu eins so übernommen werden, wie ich sie vorgeschlagen habe. Ändern Sie ab, ergänzen Sie, erfinden Sie neue Themen, gebrauchen Sie Ihre eigene Phantasie. Schreiben Sie über das, was Sie unmittelbar betrifft, und greifen Sie nur dann zu den Anregungen, wenn nichts im Raum ist, das Sie besonders beschäftigt. Vor allem aber – und das ist entscheidend – wählen Sie nur Themen, die für Sie beide angenehm oder wichtig sind, die Sie neugierig machen.

Gemeinsames Tun

Mit Ihrem Liebsten zusammen eine Mind-Map zu erstellen ist eine lustvolle Sache (S. 71). Das Thema könnte heißen: »Was machen wir beide gern?« Denken Sie auch an Kleinigkeiten wie gemeinsames Kartenspielen, Spaziergänge zu zweit, zusammen bestimmte Gerichte zu kochen, einen Lieblingsort zu besuchen usw. Besprechen Sie, was für Äste Sie erstellen wollen, und füllen Sie die Nebenäste nach und nach mit Ihren Ideen aus. Unterscheiden Sie nicht, was Sie bereits gemeinsam erlebt haben und was Sie noch tun möchten. Eine Mind-Map hat den Vorteil, dass sie sich beliebig erweitern läßt.

Schreiben Sie anschließend einen Text in Ihr Tagebuch, wie Sie sich beim gemeinsamen Erstellen der Mind-Map gefühlt haben. Vielleicht suchen Sie in Zukunft beide nach mehr Parallelen. Der Titel Ihres Eintrages könnte dann heißen: »Auf der Suche nach gemeinsamen Schätzen«.

Pingpong

Wenn Ihre Partnerin, Ihr Partner auch Spaß daran findet, dann erleben Sie mit dem Pingpong-Schreibspiel ein paar vergnügliche Stunden.

Einer von Ihnen schreibt einen Satz an die Partnerin, den Partner in das gemeinsame Tagebuch. Der Mitspieler greift nun ein Wort aus diesem Satz heraus und benutzt es als Titel. Was kommt ihm in den nächsten zehn Minuten in den Sinn, wenn er an das Wort denkt? Diese Gedanken notiert er und überreicht seinen Text anschließend dem Partner. Dieser liest ihn durch, greift wiederum ein Wort heraus, nimmt es als Titel und hält seine Gedanken dazu fest. So geht es pingpongartig hin und her.

Der Unterschied zum Briefeschreiben ist der, dass man man beim Pingpong-Schreiben viel eher bei sich selbst bleibt, obwohl man mit dem Partner, der Partnerin verbunden ist. Beim Brief geht man oft mehr auf das Gegenüber ein als auf seine eigenen Gedanken.

Pingpong kann beliebig lange gespielt werden. Irgendwann ist das Feuer jedoch erloschen, wie bei jedem Spiel.

Verbindungen

Erstellen Sie je einen Cluster (S. 69), und schreiben Sie den Namen Ihres Partners, Ihrer Partnerin und Ihren eigenen Namen in die Mitte. Tragen Sie innerhalb einer Viertelstunde alles zusammen, was Sie verbindet, z. B. gemeinsame Tätigkeiten, gleiche Weltanschauungen oder Charaktereigenschaften. Der Cluster kann in so kurzer Zeit natürlich nicht vollständig sein. Sie befreien sich dadurch von dem Anspruch, nichts vergessen zu dürfen.

Vergleichen Sie Ihren Cluster mit dem Ihres Partners. Wo sehen Sie Parallelen? Schreiben Sie anschließend einen Text über Ihre Empfindungen oder über die Gemeinsamkeit, die für Sie am schönsten ist.

Abgrenzungen

Eine Paarbeziehung besteht aus Verbindungen und Abgrenzungen, aus Nähe und Distanz. Erstellen Sie, wie oben beschrieben, jeder für sich einen Cluster zum Thema Abgrenzungen. Vergleichen Sie sie anschließend miteinander. Welche Abgrenzungen sind wichtig für Sie beide, welche sind ungewollt, welche schmerzen? Reden Sie über Ihre Erfahrungen.

Verfassen Sie, wenn Sie möchten, anschließend einen Text über dieses Thema, ohne anklagend zu werden.

Was bedeutet für Sie Frausein?
Was bedeutet für Sie Mannsein?

Schreiben Sie auf, wann in Ihrem Leben und weshalb Sie sich besonders männlich bzw. weiblich gefühlt haben und wie es Ihnen dabei ergangen ist. Lesen Sie einander Ihre Geschichten vor, und beschreiben Sie in einem weiteren Text, was der Text Ihres Partners, Ihrer Partnerin bei Ihnen ausgelöst hat.

Rückblick

Entscheiden Sie sich für eine Zeitspanne. Was an gemeinsamen Erlebnissen und Erfahrungen hat Ihnen in der letzten Woche, im letzten Monat, im letzten Jahr für Ihre Beziehung Nahrung gegeben? Wenn Sie sich für die Zeitspanne einer Woche entscheiden, werden Sie sich eher an Detailerlebnisse erinnern, wenn Sie sich hingegen für das vergangene Jahr entscheiden, werden Ihnen wahrscheinlich markantere Ereignisse einfallen. Erstellen Sie eine Liste, und markieren Sie darin jene Erlebnisse und Erfahrungen, die Sie innerhalb Ihrer Beziehung gerne wiederholen würden.

Gemeinsame Träume, Sehnsüchte …

Solange Sie als Paar gemeinsame Träume und Sehnsüchte hegen, bleiben Sie jung und lebendig. Schreiben Sie sie auf, auch wenn Ihnen bewusst ist, dass sie nicht sofort wahr werden. Es könnten gemeinsame Ferien sein, eine große Anschaffung, ein Projekt, eine Vision … Malen Sie sie in den schönsten Farben aus, auch wenn Sie wissen, dass solche Träume und Sehnsüchte selten restlos in Erfüllung gehen. Besprechen Sie anschließend, was Sie tun können, damit Traum und Wirklichkeit sich ein Stück weit näher kommen.

Was wünschst du dir von mir?

Hier geht es nicht darum, eine lange Liste damit zu füllen, was Sie sich von Ihrem Partner wünschen, sondern darum, etwas zu nennen, das Ihnen besonders am Herzen liegt. Damit überfordern Sie Ihren Partner nicht. Sofern Sie Ihre Partnerin noch nicht lange kennen, empfinden Sie sich vielleicht als »wunschlos glücklich«.

Dann müssen Sie etwas länger überlegen, bis Ihnen doch noch ein Wunsch einfällt. Sind Sie hingegen schon seit Jahren ein Paar, könnten Sie wahrscheinlich eine ganze Liste füllen, zum Beispiel Zärtlichkeit, sexuelle Offenheit, Zeit für ein Gespräch, eine Stunde pro Tag, in der Sie ganz für sich etwas tun können …

Ich mag an dir …

Verliebte haben keine Mühe, ein ganzes Buch mit diesem Thema zu füllen; Frauen und Männer in einer langjährigen Beziehung brauchen dazu wahrscheinlich etwas länger. Überlegen Sie – unabhängig von der Dauer der Beziehung –, was Sie an Ihrer Partnerin, Ihrem Partner mögen, im Sinne von: »Mein Partner ist mein bester Freund.« Geizen Sie nicht mit Worten, und schreiben Sie auf, was Ihnen an Ihrer Partnerin, an Ihrem Partner gefällt. Nennen Sie mindestens zehn positive Punkte, und vermeiden Sie verallgemeinernde Begriffe wie »nett«, »freundlich«, »angenehm«.

Ich würde gerne mit dir …

Richten Sie Ihr Augenmerk nicht auf Träume und Sehnsüchte, sondern auf eine reale Situation, die Sie gerne mit Ihrem Partner realisieren möchten. Schreiben Sie einen Wunsch auf, und reden Sie miteinander darüber, ob sich dieser oder jener Wunsch umsetzen ließe.

Was brauchst du heute?

Morgens nach dem Aufwachen kann einer von Ihnen diese Frage auf eine Tagebuchseite schreiben und den Partner zu einer Antwort einladen. Vielleicht können Sie den Wunsch im Laufe des Tages erfüllen?

Ein sinnlich-erotisches Erlebnis beschreiben

Erinnern Sie sich an ein gemeinsames erotisches Erlebnis, das Sie einst irgendwo, irgendwann so richtig mit all Ihren Sinnen genossen haben? Schildern Sie es möglichst ausführlich, farbig und anschaulich. Beschreiben Sie es in der Gegenwart, so als wäre der Liebesrausch erst gerade gestern gewesen. Geben Sie es Ihrem Liebsten zu lesen, und freuen Sie sich daran, dass Sie dieses Liebesfest nicht vergessen haben. Vielleicht kennen Sie sich noch nicht so lange. Schreiben Sie eine erotische Geschichte in Ihr gemeinsames Tagebuch, die Sie gerne zusammen erleben möchten. Seien Sie auch hier möglichst detailgetreu. Haben Sie keine Angst vor dem Erwartungsdruck. Genau so, wie Sie die Szene beschreiben, wird Ihr gemeinsames sexuelles Abenteuer wahrscheinlich nicht sein. Doch Ansätze davon können Sie bestimmt verwirklichen.

Eine Liebesgeschichte in zwanzig Worten

Versuchen Sie, eine Liebesgeschichte in nur zwanzig Worten zu schreiben, und sagen Sie sich nicht schon von vorneherein, dass Sie das nicht können. Es ist gar nicht so schwer. Erinnern Sie sich an ein Erlebnis, und beginnen Sie einfach …

Oder als Alternative: Schreiben Sie eine Liebesgeschichte in einem Satz.

Liebe ist …

Erinnern Sie sich an die kleinen Bilderbücher von Kim Grove zum Thema: »Liebe ist …« Liebe hat viele Facetten. Liebe ist Hingabe, ist aufmerksam sein, ist gegenseitiges Helfen, ist aneinander denken, ist …

Zählen Sie an möglichst anschaulichen Beispielen auf, was Sie unter Liebe verstehen, und freuen Sie sich an den gegenseitigen Einträgen.

Wunschzettel

Ein Kind füllt einen Wunschzettel spielend von oben bis unten aus. Können Sie das auch noch? Schreiben Sie beide auf, was Sie sich materiell wünschen. Gummibärchen vielleicht, eine rote Rose, eine Havanna-Zigarre, einen roten Schlips … Genießen Sie das Wünschen.

Hochzeitstag

Schreiben Sie gemeinsam die Geschichte Ihres Hochzeitstages auf. Einer beginnt mit den ersten beiden Sätzen, der andere fährt fort. Die Assoziationen des Partners hauchen den eigenen Erinnerungen neues Leben ein, längst vergessene Bilder tauchen auf und sind plötzlich wieder so nah, als wäre dieser große Tag erst gestern gewesen. Wenn Sie etwas Hilfe brauchen, greifen Sie zum Fotoalbum. Kosten Sie Ihre Geschichte schreiberisch aus, und machen Sie anschließend ein kleines Fest daraus.

Liebe machen

Schreiben Sie in je einer Spalte listenartig zwanzig Dinge auf, die Sie erregend finden. Lassen Sie sich nicht von Ihrer Partnerin, Ihrem Partner beeinflussen. Vergleichen Sie erst nach dem Schreiben Ihre Liste. Gemeinsames gefunden? Und was möchten Sie heute abend ausprobieren?

Was mir zu schaffen macht

Schreiben Sie auf, was Sie zur Zeit bedrückt, was Sie beziehungsmäßig beschäftigt. Versuchen Sie, nicht anklagend zu sein, keine Vorwürfe zu machen, sondern von Ihren Gefühlen auszugehen. Lassen Sie Ihrem Partner genügend Raum, sich zu äußern. Er sollte nicht versuchen, sich zu rechtfertigen, sondern allein von seiner Sichtweise ausgehen. Geben Sie sich Mühe, sich in die Sichtweise des andern hineinzudenken, und kommen Sie sich so immer näher und näher. Gerade das Schreiben hilft Ihnen, langsam und bewusst aufeinander zuzugehen. Sie haben Zeit.

Obwohl Gespräche gemeinsames Tagebuchschreiben ergänzen, würde ich bei dieser Anregung die schriftliche Form vorziehen und erst, wenn eine Lösung greifbar ist, darüber reden.

Dankbarkeit

Erstellen Sie zusammen ein Abc-Darium (S. 81), und schreiben Sie auf, was Sie an Ihrer Beziehung freut, worüber Sie dankbar sind. Ein Abc-Darium ist wie die Mind-Map eine gute Gelegenheit, Vergessenes später zu ergänzen.

Werte

Welche Werte bilden das Fundament Ihrer Beziehung? Wie wichtig sind Ihnen zum Beispiel Treue, Ehrlichkeit, Gerechtigkeit, Religiosität? Schreiben Sie je ein SOP (S. 66) zu einem gewählten Thema, und vergleichen Sie anschließend Ihre Gedanken.

Wie sieht die gemeinsame Zukunft aus?

Schildern Sie einen fiktiven Tagesablauf im Jahre … (ein Jahr, in dem Sie zwischen siebzig und achtzig sind). Wie stellen Sie sich Ihre Beziehung im Alter vor? Welche Erwartungen und Hoffnungen haben Sie? Welche gemeinsamen Interessen möchten Sie pflegen? Sie können zusammen auch ein AbcDarium (S. 81) zum Thema »gemeinsames Altwerden« anfertigen.

Lebensgrundsätze

Lebensgrundsätze helfen in schwierigen Lebenssituationen. Wir haben sie von unseren Eltern mitbekommen und im Laufe der Jahre einige davon durch Lebensumstände und Umwelteinflüsse umgewandelt und verändert. Das Wort »Lebensgrundsatz« an sich klingt streng; es weckt die Assoziation von festgefahren, unumstößlich. So muss es nicht sein. Wir ändern uns und mit uns unsere Lebensgrundsätze.

Schreiben Sie aus Ihrer persönlichen Lebensphilosophie heraus so viele Lebensgrundsätze auf wie möglich, im Wissen darum, dass einige davon vielleicht in zehn Jahren völlig anders aussehen. Folgende Anfangssätze könnten Ihnen dabei helfen:

Der Tod ist …
Sterben ist …
Das Böse ist …
Ich bin …

Die Gesellschaft ist …
Gerechtigkeit ist …
Schönheit ist …

Versuchen Sie zu jedem Satz eine Begründung zu geben. »Ich denke, … weil …« Dadurch ordnen Sie Ihre Gedanken und verschaffen sich selbst Klarheit. Durch Nachdenken entstehen oft auch neue Fragen. Halten Sie sie fest, und nehmen Sie sich viel Zeit auf der Suche nach einer für Sie stimmigen Antwort.

Macht haben – machtlos sein

Für Stoiker besteht das Glück darin, Dinge voneinander zu unterscheiden, die wir beeinflussen, und solche, die wir nicht beeinflussen können. Dinge, vor denen wir uns beugen müssen, von denen wir dann sagen, dass sie unser Schicksal ausmachen: »sustine et abstine«, was übersetzt heißt: »Ertrage und enthalte dich.«

In unserer Macht steht das, was wir selbst verändern können. Das ist vieles und doch nicht alles. Unseren Körper, unseren Besitz, unser gesellschaftliches Ansehen, unsere Stellung in der Gesellschaft können wir nur teilweise manipulieren. Erstellen Sie eine Liste darüber, was in Ihrer Macht steht und was nicht, und machen Sie anschließend eine philosophische Reise zu der Frage, wie weit Ihre persönliche Macht reicht und wo die Macht der Gesellschaft beginnt.

Vielleicht fällt es Ihnen leichter, dieses schwere Thema, das Sie auch erdrücken kann, mit Farben in einer Zeichnung auszudrücken?

4. *Das Aufspüren des roten Fadens*

Schreiben heißt voraussehen.
Paul Valéry, französicher Lyriker

Was bleibt?

Ihr Tagebuch ist vollgeschrieben. Sie blättern eine Seite nach der anderen durch, lesen die eine oder andere Überschrift, die unterstrichenen, fettgedruckten Worte und Sätze und stoßen so vielleicht auf Einträge, die Sie bereits vergessen hatten. Denn prallvoll waren die Erlebnisse und Eindrücke um Sie herum. Und so sieht auch Ihr Tagebuch aus: Es sprüht vor Leben. Doch alles, was Sie »gestern« aufgeschrieben haben, betrifft das »Hier und Jetzt«. Und nur das »Hier und Jetzt«, nicht mehr. Tagebuchschreiben geschieht aus dem Augenblick heraus, entlastet diesen Moment und macht Sie so frei für die unmittelbare Zukunft, die auf Sie zukommt, wenn Sie mit Schreiben aufhören. Darin besteht der Sinn Ihres Tagebuchs; und deshalb verstauen Sie nun Ihr Buch an einem guten Platz in Ihrer Wohnung. Es symbolisiert eine vergangene Zeit, die hoffentlich für Sie – trotz schwierigen Augenblicken – auch eine gute Zeit war.

Ihr Tagebuch ist vollgeschrieben. Sie blättern eine Seite nach der anderen durch, lesen die Überschriften, die unterstrichenen, fettgedruckten Wörter und Sätze und entschließen sich, Ihr Tagebuch nochmals gründlich zu lesen. Dabei stoßen Sie auf Überraschungen. »Was, das habe ich damals schon geahnt?« staunen Sie. »Wie kommt es, dass ich gerade auf diesen Gedanken kam?« fragen Sie sich. »Gar nicht so nichtssagend, wie ich gemeint habe« und »Mein Leben im letzten halben Jahr war ja spannender, als ich gedacht habe«, stellen Sie erfreut fest.

Ihre Einträge liegen wie Puzzleteile vor Ihnen, vielleicht kreuz und quer durcheinander. Diese Puzzleteile ergeben nun ein Bild: das farbige Bild Ihrer aufgeschriebenen Lebenszeit. Stellen Sie sich nun dieses Bild vor und wie sich ein roter Faden quer durch dieses Bild hindurchzieht. Wenn dieser rote Faden Sie neugierig macht, dann lade ich Sie ein, sich mit Ihrem Tagebuch noch ein bisschen weiter zu beschäftigen und es erst später aus der Hand zu legen.

- Gehen Sie Eintrag um Eintrag nochmals durch. Lesen Sie die Überschriften und vor allem die unterstrichenen und fett geschriebenen Gedanken. Was für einen Gesamteindruck haben Sie jetzt? Wenn Sie Ihr Tagebuch veröffentlichen würden, wie lautete **der Titel?** Er ist wie der rote Faden, der sich quer durch Ihr Buch zieht.

- Suchen Sie nach einem passenden Vergleich für die Zeitpanne Ihres Tagebuchschreibens, beispielsweise: »Das letzte halbe Jahr war für mich wie eine Achterbahn.« Auch das könnte zu einem Titel für Ihr Tagebuch werden.

- Schreiben Sie eine **Zusammenfassung** über die Zeit, von der Ihr Buch handelt. Das kann eine Gesamtzusammenfassung sein, aber auch eine Zusammenfassung einzelner Aspekte, die Ihnen wichtig sind. Nachstehend finden Sie

Anregungen dazu. Selbstverständlich können Sie andere Schwerpunkte setzen.

Ihre Erlebnisse

Was für Erlebnisse haben Sie in Ihrem Tagebuch dokumentiert? Sind es solche, die Sie gesucht oder herbeigesehnt haben; sind es solche, die für Sie selbst überraschend kamen? Welche waren »schicksalshaft«? Welches Ereignis beeindruckte Sie am meisten? Welches ließ Sie kalt? Welches möchten Sie am liebsten nochmals erleben?

Ihre Gefühle

Welchen Gefühlen waren Sie über die Dauer Ihres gesamten Schreibintervalls unterworfen? Gab es Stimmungsschwankungen, oder erlebten Sie eine Zeit der Stabilität? Hat sich eine Hauptstimmung, ein vorherrschendes Gefühl, durch all die Einträge in Ihrem Buch hindurchgezogen?

Ihre Ausdrucksweise

Wie kreativ, wie ausdrucksstark, wie phantasievoll empfanden Sie sich? Das hat nicht allein mit Ihrer Gestaltungs- und Experimentierfreudigkeit in Ihrem Tagebuch zu tun, sondern mit der Lust am Sich-Ausdrücken im allgemeinen.

Haben Sie Ideen in die Tat umgesetzt? Ist es Ihnen gelungen, einen Einfall kreativ zu gestalten? Haben Sie ein Problem auf unkonventionelle Weise gelöst? Wo sind Sie bei der Arbeit, wo in der Freizeit schöpferisch tätig gewesen?

Ihre Gedankenkraft

Welche Gedanken haben Sie in Ihrem Tagebuch neu entdeckt? Vielleicht sind es Gedanken, die Sie vorher noch nie so gedacht hatten. Welche würden Sie am liebsten groß an die Wand hängen? Welche gefallen Ihnen nicht? Welche sind eher philosophisch, welche praktisch umsetzbar, welche sind Ihnen noch fremd? Welche Einfälle sind witzig?

Sammeln Sie – falls Sie Lust haben – in einer Liste alle wichtigen Gedanken Ihres Buchs. Genau diese Gedanken zeigen Ihnen, wie lebendig und wach Sie sind.

Ihre Absichten und Ziele

Wo in Ihrem Tagebuch entdecken Sie den Wunsch, etwas zu verändern? Was würden Sie gerne anders machen? Welche Wünsche möchten Sie in Ziele umsetzen? Welche konkreten Schritte haben Sie aufgeschrieben? Welche davon sind bereits realisiert?

Ihre Themen

Welche Themen in Ihrem Tagebuch haben sich auf Ihr Leben ausgewirkt? Sind sie abgeschlossen oder noch so neu, dass Sie sie weiterverfolgen möchten? Wie gehen Sie vor?

Ihre Erkenntnisse

Haben Sie neue Erkenntnisse gewonnen? Welche sind Ihnen am wichtigsten? Sind es Erkenntnisse, die Sie eher freuen oder belasten?

Überraschungen

Überraschende Gedanken, überraschende Erkenntnisse, überraschende Erlebnisse … Was hat Sie überrascht? Wen haben Sie überrascht? Wo haben Sie für Überraschungen gesorgt? Wie haben Sie sie empfunden, welche waren positiv, welche negativ?

Betroffenheit

Welche Situationen haben Sie betroffen gemacht? Wie haben Sie sich dabei verhalten? Welches Gefühl war vorherrschend? Ist die Betroffenheit noch da? Haben Sie jemanden, mit dem Sie darüber reden können?

Verletzungen

Was oder wer hat Sie verletzt? Ist diese Verletzung noch spürbar? Wie gehen Sie mit ihr um? Sind Freunde da, die Ihnen helfen, damit fertig zu werden? Haben Sie selbst jemanden verletzt?

Freude

Was hat Sie in der letzten Zeit gefreut? Haben Sie diese Freude genossen? Können Sie sie mit jemandem teilen?

Glück

Glücksaugenblicke sind wie goldene Tupfer in Ihrem Bild. Wo gibt es solche Tupfer? Bei welcher Gelegenheit haben Sie sie empfunden? Klingen Sie noch nach?

Versäumnis

Was haben Sie versäumt? War es eine Tätigkeit, die Ihnen wichtig ist, eine Begegnung oder eine nicht vollzogene Handlung? Weshalb versäumten Sie etwas? Können Sie das Versäumte möglicherweise nachholen?

Lernen

Was haben Sie über die Zeit Ihres Tagebuchschreibens gelernt? Bezieht es sich auf das Schreiben? Was haben Sie dabei wahrgenommen und gleich umgesetzt? Welche Erkenntnisse haben Sie daraus gezogen?

Stolz sein

Was hat Sie mit Stolz erfüllt? War es eine Einsicht oder eine mutige Tat? Sind Sie über den eigenen Schatten gesprungen? Haben Sie sich dabei hoffentlich mindestens auf die Schulter geklopft? Wenn nicht, dann holen Sie es gleich nach.

Spaß

Wann haben Sie sich zuletzt amüsiert? Zu welchem Anlass konnten Sie wieder einmal ganz Kind sein und ausgelassen so richtig genießen, ohne den täglichen Ballast im Rücken zu spüren? Haben Sie insgesamt genügend Spaß gehabt, oder möchten Sie in dieser Beziehung in Zukunft etwas ändern?

Familie und Freunde

Wie geborgen fühlten Sie sich in der letzten Zeit in Ihrem Familien- und Freundeskreis? Waren die Phasen des Alleinseins und die Stunden, die Sie gemeinsam mit anderen verbrachten, für Sie ausgeglichen? Fanden Begegnungen statt, die Sie missen möchten? Kamen Sie sich ausgenützt vor? Oder beschenkt? Wer war Ihnen besonders wichtig?

Wenn Sie all diese Fragen beantwortet haben, stoßen Sie wahrscheinlich auf Schwerpunkte. Wie von selbst kristallisieren sich übergeordnete Themen heraus. So ergibt sich aus der Fülle der Antworten so etwas wie ein Tagebuchmotto oder anders ausgedrückt: das Lebensmotto aus der Tagebuchzeit.

Wie lautet dieses – IHR – Motto?

Es freut mich, daß ich Sie auf Ihrem Weg bis hierher begleiten durfte. Und ich wünsche mir, daß Sie nun den nächsten Band Ihrer gesammelten »Tagebuchwerke« in Angriff nehmen.

Bibliographie

Angstmann, Gustl: *Schreiben hilft leben.* Herder, Freiburg i. Brsg. 1989.
Bronnen, Barbara: *Montag ich, Dienstag ich. Aus den Tagebüchern von Schriftstellerinnen.* Dtv, München 1990.
Clemann, Ruth Margreth: *Schreib-Zeit.* Nimrod, Zürich 1999.
Frischmuth, Barbara: *Tage und Jahre.* Residenz, Salzburg 1971.
Gawain, Shakti: *Gesund denken, kreativ visualisieren.* Heyne, München 1994.
Guntern, Gottfried: *Der kreative Weg.* Zürich 1991.
Grümmer, Gerhard: *Spielformen der Poesie.* G. Grümmer, Leipzig 1985.
Hohler, Franz / Schubiger, Jürg: *Hin- und Hergeschichten.* Nagel und Kimche, Zürich 1986.
Hurisman, Denis: *Philosophie für Einsteiger.* Rowohlt, Hamburg 1996.
Jeanmaire, Alexander: *Der kreative Funke.* Ariston, Kreuzlingen 1997.
Johnson, Richard L.: *Ich schreibe mir die Seele frei.* H. Bauer, Freiburg i. Brsg. 1990.
Keen, Sam: *Die Lust, ich zu sein.* Bastei Lübbe, Bergisch Gladbach 1993.
Kirckhoff, Mogens: *Mind Mapping.* GABAL, Offenbach 1995.
Lane, Barry: *Schreiben heißt sich selbst entdecken.* Augustus, Augsburg 1995.
Louden, Jennifer: *Tu dir gut: Das Wohlfühlbuch für Frauen.* H. Bauer, Freiburg i. Brsg. 1995.
Louden, Jenniver: *Tut euch gut: Das Wohlfühlbuch für Paare.* H. Bauer, Freiburg i. Brsg. 1996.
Mardorf, Elisabeth: *Ich schreibe täglich an mich selbst.* Kösel, München 1999.
Millman, Dan: *Das kreative Tagebuch für den friedvollen Krieger.* Ansata/Ludwig, München 1999.
Peale, Norman Vincent: *Die Kraft positiven Denkens.* Oesch, Zürich 2000.
Rico, L. Gabriele: *Garantiert schreiben lernen.* Rowohlt, Hamburg 1989.
Rico, L. Gabriele: *Von der Seele schreiben.* Junfermann, Paderborn 1999.

Rinser, Luise: *Septembertag.* S. Fischer, Frankfurt am Main 1993.
Scheidt, Jürgen vom: *Kreatives Schreiben.* S. Fischer, Frankfurt am Main 1993.
Schalk, Gisela: *Schreiben befreit.* Verlag kleine Schritte, Bonn 1986.
Ullmann, Regina: *Erzählungen, Prosastücke, Gedichte.* Bd. 1. Kösel München 1978.
Vester, Frederic: *Phänomen Stress.* Dtv, München 1997.
Werder, Lutz von: *Lehrbuch des kreativen Schreibens.* Schibri, Berlin 1993.
Werder, Lutz von: *Schreiben von Tag zu Tag.* Walter, Zürich 1998.
Wilson Schaef, Anne: *Nimm dir Zeit für dich selbst.* Heyne, München 1992.

Schreibwerkstatt-Kurse von Rosemarie Meier Dell'Olivo

Kreatives Schreiben

Mit Hilfe verschiedener Schreibmethoden erweitern Sie Ihre sprachliche Ausdrucksfähigkeit und vergrößern Ihre Sicherheit im schriftlichen Ausdruck. Sie verfassen Rohtexte in Form von spontanen Beobachtungen, Erlebnissen, Erzählungen, Gedichten, Fragmenten und erhalten stilistische Impulse, um nach Wunsch Ihre Texte zu Hause zu überarbeiten. Kreatives Schreiben verhilft, Sensibilität gegenüber der Sprache zu entwickeln und das Unbehagen vor dem leeren Blatt zu verlieren. Der Kurs ist eine Wahrnehmungsschulung und zugleich eine Möglichkeit, spielerisch mit der Sprache umzugehen.

Kreatives Schreiben autobiographischer Texte

Anhand verschiedener Schreibmethoden zu Lebensthemen wie Kindheit, Familie, Lebensphasen, Wendepunkte etc. verfassen Sie kürzere oder längere Texte, die mosaikartig ein Stück Lebensgeschichte ergeben. Daraus entstehen persönliche Aufzeichnungen für ein ganz persönliches Buch – Ihr Lebensbuch.

Schreiben wollte ich schon lange
Wie das Tagebuch zum kreativen Begleiter wird

Tagebuchschreiben ist ein Weg der Selbstfindung, ein Weg sich selbst genauer auf die Spur zu kommen, ein Begleiter auf der Lebensreise. Besonders in einem hektischen Alltag hilft es, sich schreibend immer wieder neu zu entdecken und so zur Ruhe zu kommen. Mit Hilfe kreativer Methoden und neuen Formen des Tagebuchschreibens werden Texte aus dem Hier und Jetzt aufgeschrieben, festgehalten und zugleich losgelassen. Den eigenen Schreibprozess anzuregen ist das Ziel dieses Kurses.

Rosemarie Meier Dell'Olivo, Schreibwerkstatt-Leiterin
Weberstr. 58, CH-8400 Winterthur,
Tel. 0041/52 233 76 62 (CH: 052/233 76 62)
e-mail: rosemarie.dellolivo@bluewin.ch